新装版

これからはじめる 即興演奏

豊かな音楽表現のために

馬淵明彦　杉本 明

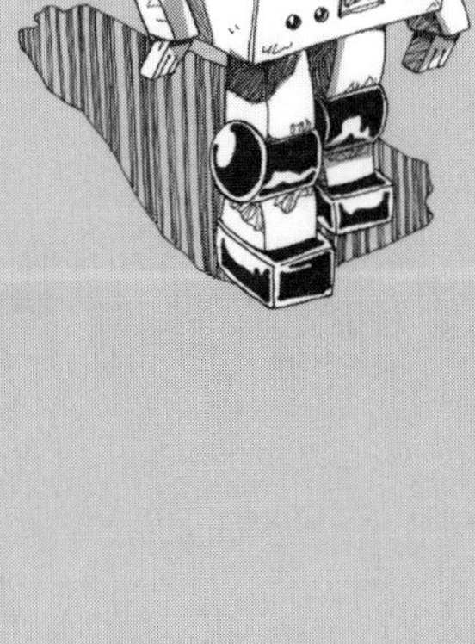

Stylenote

はじめに

音楽教育に携わる人にとって、即興的にピアノを弾いたり、歌ったりすることは、その指導上ぜひ備えておいていただきたい能力です。しかし、それは純粋な意味での即興とは異なり、プロの演奏家に必要な優れた技術や才能など、特に求めるわけではありません。

とは言うものの、自由に楽器や声をあやつるためには、それなりの技量が必要なことは明白ですし、さらに“表現は常に音楽的でなければならない”ということをしっかりと心に留めておくべきでしょう。

そこで本書では、即興演奏のための新たなアイディアを盛り込み、音楽的に表現するためにいくつかの要素をScene 1のはじめから展開しています。また、段階的に難易度が進むように、ピアノの技術的なことも配慮しながら、音楽における表現についての経験を深めるように企図しました。

Scene 1とScene 2では「音楽の基礎的な表現力と知識」を、Scene 3とScene 4では「すこし進んだ演奏表現力と理解力」を、そしてScene 5からScene 7では「自由に即興演奏できるようになるための応用力」をそれぞれの目標としました。

本書が、一人でも多くの方々にとって、有意義な即興演奏の手引きとなりますことを心から願ってやみません。

末筆になりましたが、新装版刊行にあたって多大なご協力をいただきました、スタイルノート代表取締役の池田茂樹さん、元オブラ・パブリケーション編集部の三上文子さんに深く感謝の意を表します。

2018年2月　馬淵明彦・杉本明

本書の使い方①

● 本書は **Scene1** から **Scene7** に分かれた７つの章で成り立っています。

● 各 **Scene** は **5** ～ **12** の **STEP** によって組み立てられ、それぞれの **STEP** は **Lesson**、**Example**、**Point** で構成されています。**Lesson** が進むにつれて即興演奏に必要な内容が段階をおって展開されます。

● **Lesson**………説明文と楽譜（図形・イラストなども含む）によって課題が示され、**Lesson 1** の基本から **Lesson 2**、**3**…の応用へと進みます。なお、説明文中に出てくる重要な用語は太字になっており、参照ページが記載されています。

● **Example**…**Lesson** を進める上で参考になると思われる楽譜や演奏方法模範例などを、必要に応じて掲載しています。

● **Point**…………各 **STEP** の課題などを理解する上で必要な要素をまとめてあります。必ず読んで演奏の一助としてください。

● **Scene 1** ～ **2** は初心者向き、**Scene 3** ～ **4** は中級者向き、**Scene 5** 以降は豊かな即興演奏をめざす方が音楽をより深める内容構成になっています。そのため Scene5 の前に全調の伴奏付けが練習できる「予備練習」を用意しました。

● 本書の学習は独習も可能ですが、できれば指導者のもとで学ばれることをお勧めします。また、即興演奏の前提として、ピアノ学習が重要な位置にあることも忘れないでください。

● 巻末に即興演奏の参考になる **Reference** を掲載しましたので、ご活用ください。

本書の使い方②

〈内容概略一覧表〉

Scene 1	Scene 2	Scene 3
鍵盤への導入 図形楽譜	指定音での即興演奏 簡易伴奏への導入	簡易伴奏 伴奏付け
Scene 4	**Scene 5 の前に**	**Scene 5**
主要三和音（Ⅰ・Ⅳ・Ⅴ） 主要三和音による伴奏付け	予備練習 （全調の練習曲）	副三和音（Ⅱ・Ⅲ・Ⅵ） 借用和音の活用法 図形楽譜
Scene 6	**Scene 7**	**Reference**
コード・ネーム	教会旋法 五音音階 全音音階	音楽用語 いろいろな伴奏型 コード・ネーム

〈自由な即興例〉

● 即興演奏のテーマは身近なところにあふれています。このほかにも自分でいろいろなテーマを見つけて、即興演奏に活かしてください。

感情：
- 楽しい　デート、一番好きなことをしているとき、友達との語らい
- 解放感　高原で過ごす、休日にのんびりする、やっと試験が終わった！
- 苦しい　〈肉体的〉頭痛、歯痛、ケガ、けんか、二日酔いの朝
- 　　　　〈精神的〉けんか別れ、恋の苦しみ、離別
- 興　奮　スポーツ観戦、遠足の前夜
- 不　安　合格発表の前夜、やっとの思いで告白したが…、仕事がうまくいかない

感覚： 熱い、暑い、寒い、冷たい、眠い、重い、軽い、明るい、暗い

動物： アヒルの行列、ゾウとアリの行進、ビーバーの引っ越し、カバのダンス

情景： 身の回りにあるものをテーマに物語をつくり、演奏する。
例　水、太陽、雨、風、雪、火、絵本

状態： ものの動きや変化などを表現する。
例　電車、人形、こま、目玉焼き、カップラーメン

人物： おしゃべりなおばさん、頑固おやじ、王様、女王様、酔っぱらい、臆病な人

行事： お正月、ひなまつり、こどもの日、七夕、海水浴、登山、運動会、修学旅行、クリスマス、お祭り、結婚式、お葬式、お見舞い

CONTENTS

Scene 3 簡易伴奏〈実践編〉・56

Scene 4 主要三和音で伴奏をつける・82

Scene 5の前に
予 備 練 習 ・106

Scene 5 副三和音と借用和音・116

Scene 6　コード・ネーム・142

Scene 7　いろいろな旋法と音階・150

Reference

Scene 1 鍵盤に親しむ

STEP 1 ブラック・キー

Lesson 1

1 図のように黒鍵にげんこつを置き、白鍵に触れないように自由に弾きます。どのような音が出てくるでしょうか。

2 げんこつを右のほう（高音部）、左のほう（低音部）に移動したり、強く・弱く、速く・遅く弾きます。

3 2人で連弾したり、2台のピアノで重奏します。お互いの音をよく聴きましょう。

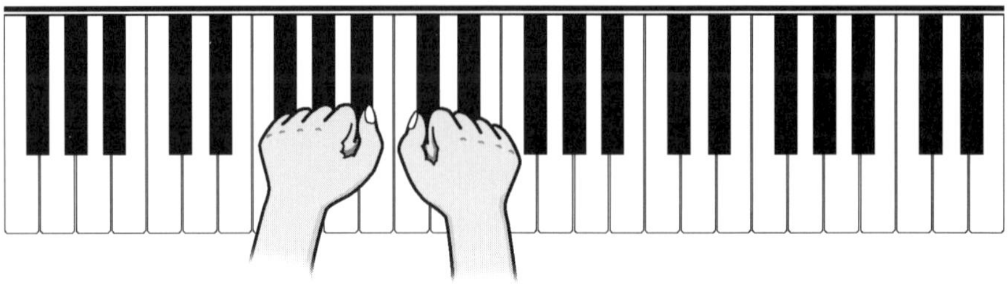

Lesson 2

1 図のように親指が上になるように、げんこつの向きを変えて黒鍵を弾きます。Lesson 1と同様に、右のほう（高音部）、左のほう（低音部）に移動したり、強く・弱く、速く・遅く弾きます。

2 指導者の指揮（身体表現）に合わせて、いろいろな速さで弾きます。

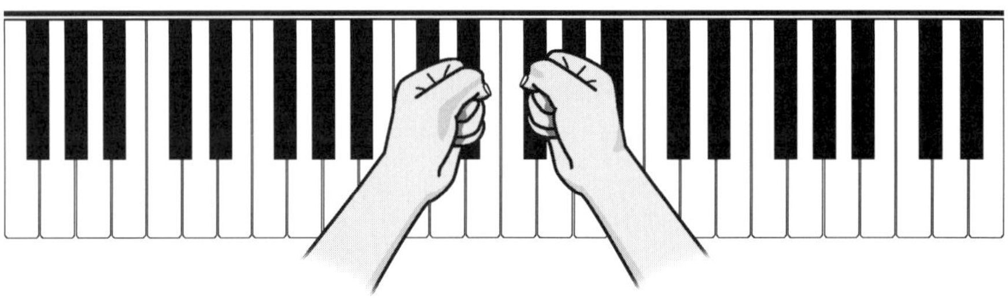

Lesson 3

黒鍵の低音部から高音部に移動しながら、げんこつで、①右手→左手→右手……、あるいは②左手→右手→左手……と交互に弾きます。速さは一定にせずに変化をつけて、ダンパーペダル（一番右のペダル）を踏んだままで音の広がりを感じ取りましょう。このように、指先以外で鍵盤に触れて同時に複数の音を出すことを**クラスター奏法**といいます。

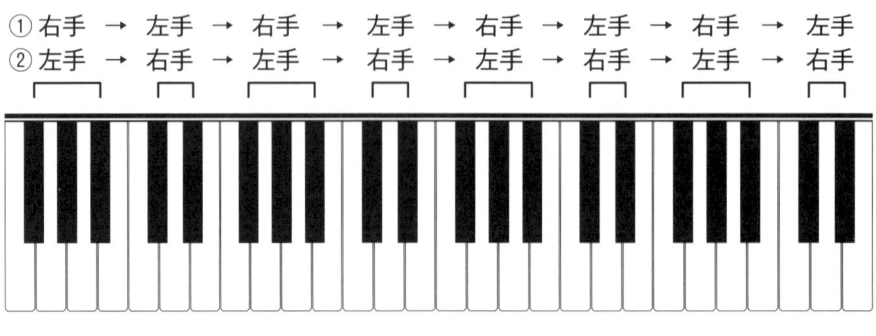

Lesson 4

図のように黒鍵に腕を置き、白鍵に触れないように気をつけながら自由に弾きます。どのような音が出てくるでしょうか。

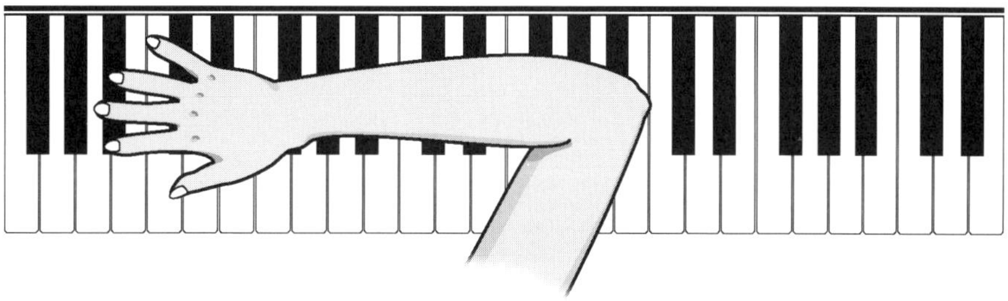

Example

1 右手だけで、ひじから腕、腕から手のひらへとゆっくり黒鍵を弾きます。次に左手も同様に弾いてみましょう。

2 右手だけで、腕に触れている黒鍵すべてを同時に弾きます。左手も同様に弾いてみましょう。

3 両腕を黒鍵の上に置き、黒鍵を同時に弾きます。

4 Lesson 2にならって、いろいろな音楽を弾いてみましょう。

Point! 図形楽譜

楽譜には、五線譜を用いて定量的に記す方法と、図形によって音像を視覚的イメージに訴える方法の2通りがあります。前者は一般に見られる五線楽譜であり、後者を図形楽譜（グラフィック・スコア）といいます。

このScene1のSTEP2～STEP11までに用いた図（絵）には、図形楽譜の長所が取り入れられています。

伝統的な五線記譜法が提供する情報は、主として音の高さ・長さ・強さ、そして奏法ですが、図形楽譜においては、絶対的な高さではなく音運動のあり方などを近似的に示しています。この楽譜の意図するところは、図形から受ける奏者のイマジネーションに、音楽の成立をゆだねることにあり、その場合、奏者の即興的想像性が重視されます。

Scene 1 鍵盤に親しむ

STEP 2 ダイナミックス

Lesson 1

手のひら、げんこつ、指１本、ひじ、腕などを使って黒鍵を弾きます。弾き方によって音の**強弱**に違いがあることがわかります。音を出す前にどのような音が出るか想像してみましょう。

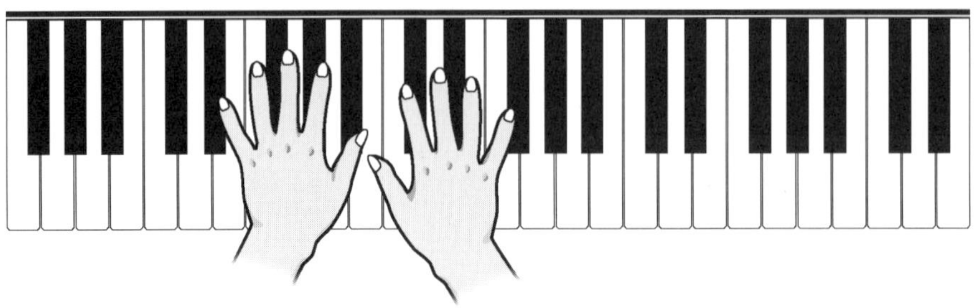

Lesson 2

Lesson １で行った弾き方を参考にして、a・b・c・d の図形を左から右に見て、黒鍵で表現してみましょう。

a

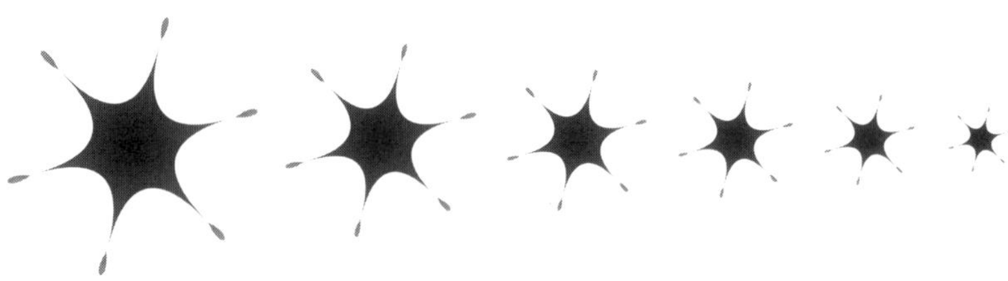

b

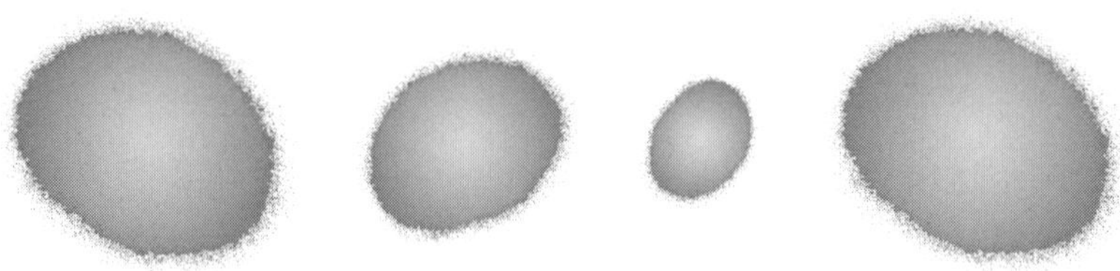

c

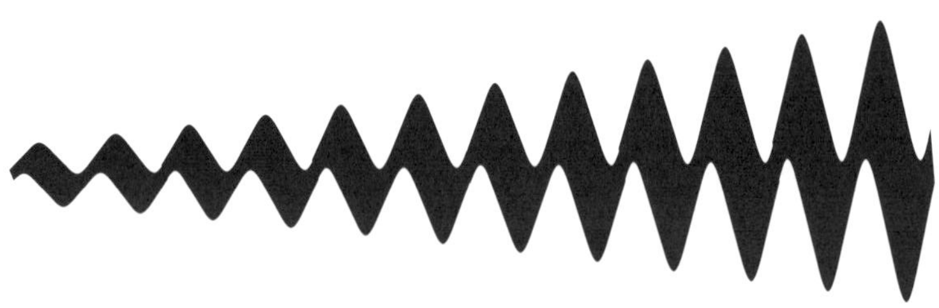

d

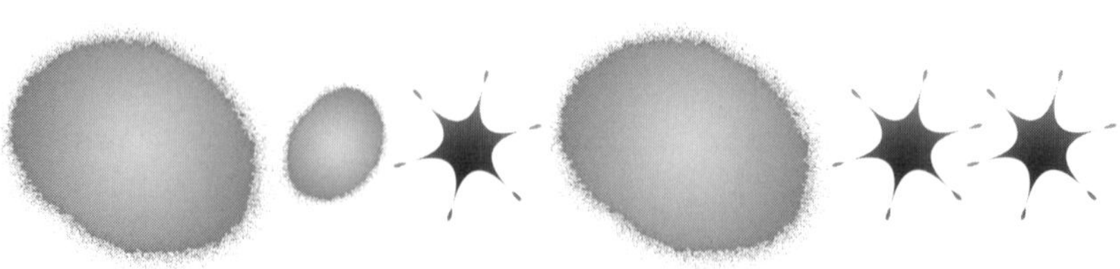

Lesson 3

1 次の絵を見て、強弱の違いに気をつけて感じたままを黒鍵で表現します。いろいろな順（a → b → c、c → b → a など）で弾いてみましょう。

2 1つ1つの場面の長さを自由にして全体のバランスをつくり、劇的な表現ができるようにしましょう。

3 白鍵でも表現してみましょう。

a

b

c

Point! 強弱

　dynamics（ダイナミックス）とは、音の強弱のことです。音を強く出そうとするとき、腕の筋肉は大きな緊張を伴います（ただし、打鍵の瞬間は筋肉が弛緩しています）。反対に音を弱く出そうとするときには、腕の緊張は小さくなります。
　また、クレッシェンド（しだいに強く）やディミヌエンド（しだいに弱く）を表現する場合は、腕の緊張もしだいに大きくなったり小さくなったりします。強弱（ダイナミックス）は音楽表現において、重要な要素のひとつです。

STEP 3 テンポ

Lesson 1

図のように腕を使って、黒鍵をゆっくり押します。右腕、左腕、両腕同時、ひじから指先や指先からひじなど、いろいろな方法で弾いてみましょう。

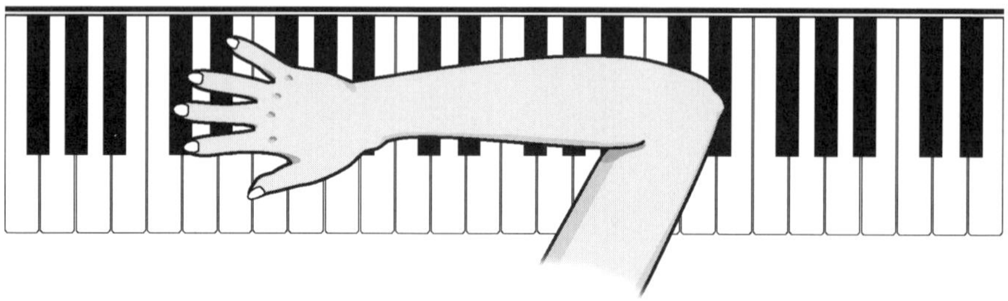

Lesson 2

自分が普通に歩く速さで、黒鍵を手のひらで弾きます。

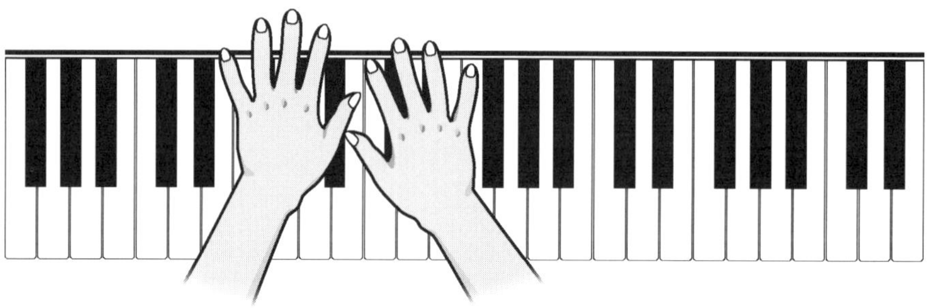

Lesson 3

1 人差し指や中指など指２本で、黒鍵をできるだけ速く弾きます。

2 Lesson 1～Lesson 3-**1** で行った奏法を自由に組み合わせて指導者や友人と連弾で演奏します。速さの違いをはっきりとつけて弾きましょう。

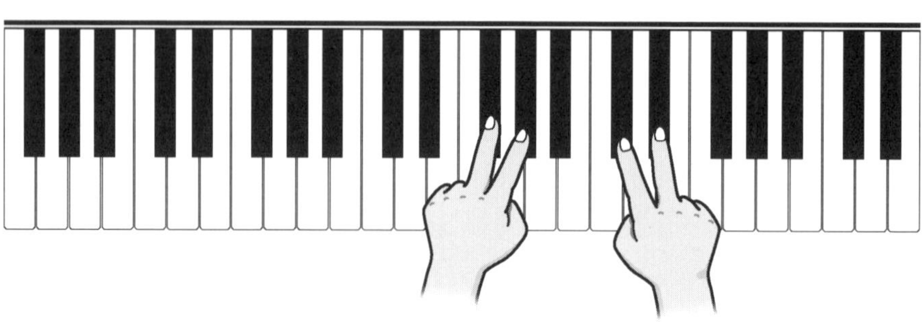

Lesson 4 次の絵の動物を見て、感じたままを動きの速さの違いに気をつけて黒鍵で表現してみましょう。２人で演奏すると楽しくできます。

Point! 速度

tempo（テンポ）は本来“時間”という意味ですが、音楽では通常“速度”を意味します。一定のテンポを持続させることによって、そこに拍が生じます（拍についてはP.29 の Point 参照）。この拍の速さによって人間は速度を感じることができます。また、同じ楽曲でもテンポを変えて演奏すると、かなり違ったニュアンスになりますし､曲の途中でテンポを動かす（テンポ･ルバート）とまた、おもしろいニュアンスが表現できます。

テンポは音楽表現において重要な要素のひとつです。

Scene 1 鍵盤に親しむ

STEP 4 スペース

Lesson 1

次の図からイメージする音の響きを考えて、げんこつで黒鍵を弾きます。音の**強弱**に注意して演奏してください。両手で同時に、または交互に弾いてみましょう。
※図の楽譜は左から右のほうへ読みます（以下同様）。

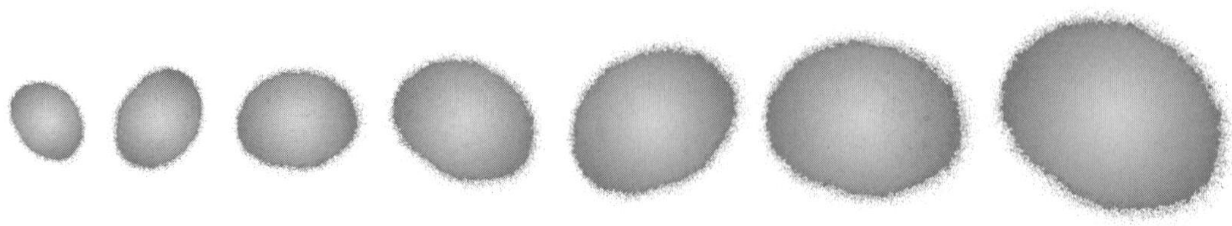

Lesson 2

次の図からイメージする音の響きを考えて、手のひらで黒鍵を弾きます。速さ、強弱に注意して演奏してください。

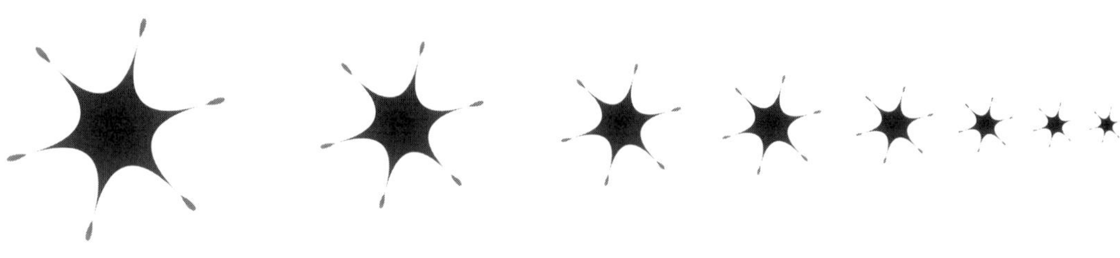

Lesson 3

Lesson 1やLesson 2と同様に、次の図を黒鍵を使って表現してみましょう。○●は人差し指と中指で、●は人差し指だけで弾きます。速さ、強弱に注意して演奏してください。

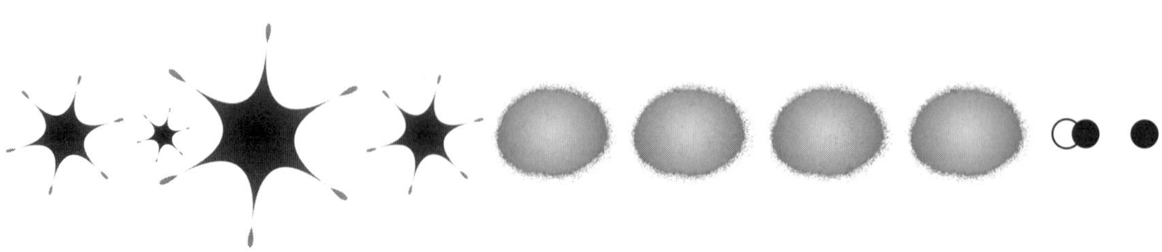

Lesson 4

これまでのLessonで、同じダイナミックスでもテンポが違うと**空間**の使い方やニュアンスも変わることに気がついたと思います。次の絵を見て、速さや強弱に注意して、黒鍵だけで表現してみましょう。

Point! 強弱と空間

ボールを遠くへ投げようとするとエネルギーは強くなり、近くへ投げようとすると弱くなります。すなわち空間が大きければ強くなり、小さければ弱くなるというのが、強弱と空間の自然な関係です。

STEP 5 ピッチ

Lesson 1

げんこつを図のように白鍵の上に置き、いろいろな位置で自由な速さや強弱で弾いてみましょう。

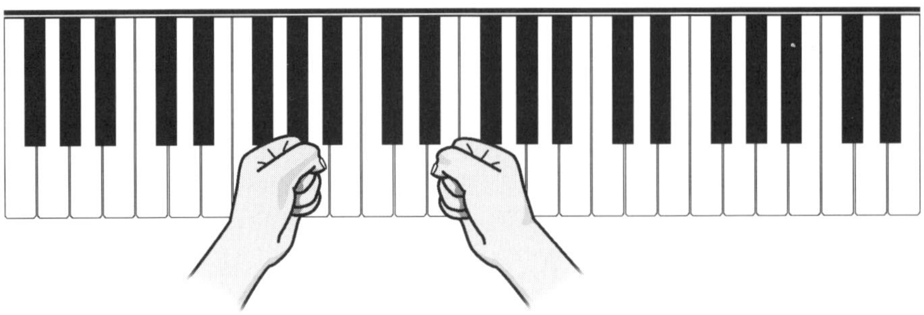

Lesson 2

人差し指と中指を図のように白鍵の上に置いて、自由に弾きます。

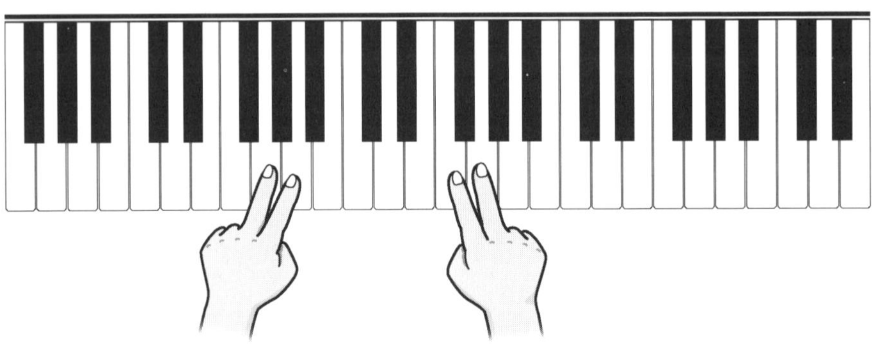

Lesson 3

親指、人差し指、中指、薬指、小指を図のように白鍵の上に置いて、自由に弾きます。

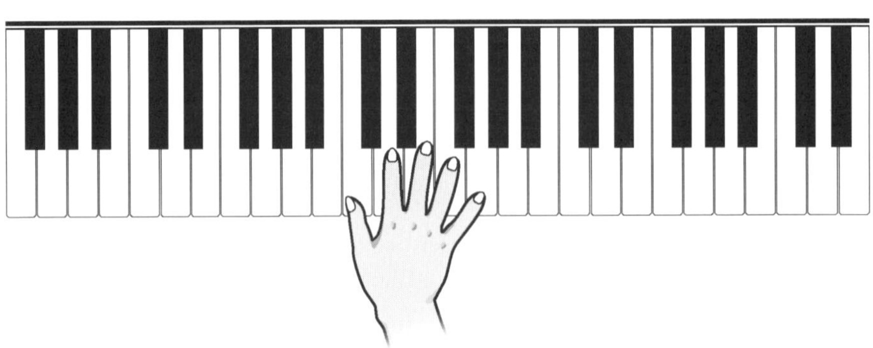

Lesson 4

右ページの絵の中にあるいろいろなものから感じられる音色や音の高さを考えます。鍵盤の位置や、Lesson 1～3の弾き方を踏まえて表現してみましょう。
たとえば、「星」は空で光っているので高音部（右手）で表現するとよいでしょう。できれば2人で行い、同時に違う高さのものを表現してください。

Point! 音域

下の図のように、ピアノ以外の楽器の音域は楽器によってさまざまです（ただし、下記の音域は絶対的なものではなく、奏法によって変化することがあります）。音の高さを変えながら即興演奏する場合、その音域の楽器をイメージして弾くことが大切です。

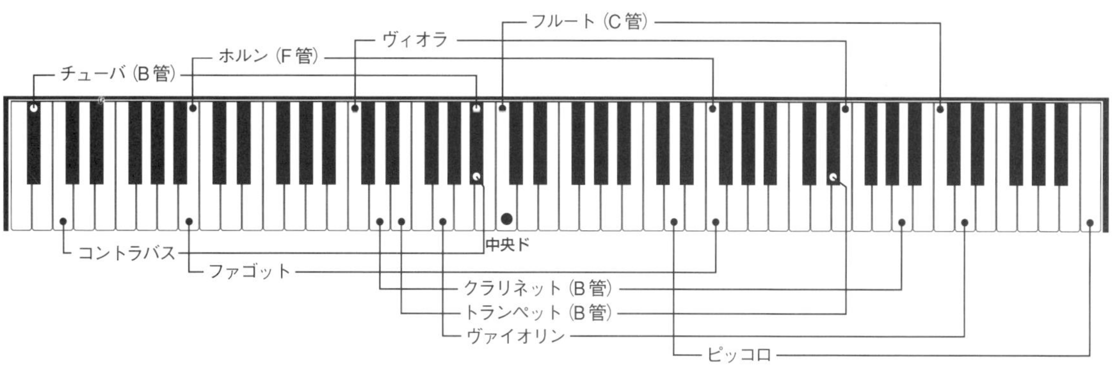

STEP 6 スタッカートとレガート

Lesson 1

雨だれの音をイメージして白鍵を弾きます。水がはねている様子は、白鍵の位置をいろいろと変えて、音を短く切るように弾くことで表現できます。

Lesson 2

草がやわらかく揺れている様子をイメージして白鍵で弾きます。からだの力を抜いて、草にそっと触れるように弾くとよいでしょう。

Lesson 3　下の図を見て白鍵を弾きます。

の部分は、右手は中心から右のほう（高音部）へ、逆に左手は左のほう（低音部）へとグリッサンド*で弾きましょう。このとき、ダンパーペダル（一番右のペダル）を踏んだままにしておきます。

の部分は、のときと反対に右手は高音部から中心へ、左手は低音部から中心へとグリッサンドで弾きます。

の部分は、大きさによって強弱の変化をつけながら、音を短く切って弾きます（片手でも両手でもよい）。

*グリッサンド……鍵盤の上をすべるように指を移行させて演奏すること。

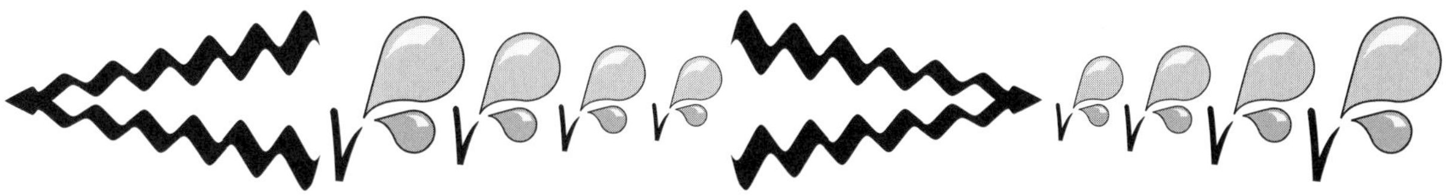

Lesson 4　雨だれのように音を短く切って演奏することを**スタッカート**、やわらかくなめらかに演奏することを**レガート**といいます。この２つを工夫して組み合わせて、自由に演奏してみましょう。

・スタッカート……ピンポン玉が跳ねるように。
ゴムまりが弾むように。
バラの花のトゲに触れたように。

・レガート…………空を流れる雲のように。
そよ風に揺れるカーテンのように。
やわらかい絨毯をそっと手のひらでなでるように。

Point!　**スタッカートとレガート**

staccato（スタッカート）とは、「離れた」という意味で、音と音の間を切って演奏する方法です。記譜法は、音符の真上や真下に点を打つか、stacc. の略字を用いることもあります。

legato（レガート）とは、「結びつける」「つなげる」という意味で、音と音の間に切れ目を感じさせないように、なめらかに演奏することです。記譜法は、音符の上または下にスラー（⌒あるいは‿）をつけたり、legato と文字で表します（P.65 の Point 参照）。

STEP 7 ダイアログ

Lesson 1

「けんかをしているところ」、「仲直りをしているところ」、「仲良く遊んでいるところ」の絵を見て、この３つの状況を白鍵、黒鍵、あるいは両方を使って表現します。STEP １〜６までに学習したことを生かし、自分で工夫して弾きましょう。

１人で弾くときは、絵の中の２人の役を区別して表現します。２人で弾くときは、絵の中のそれぞれの役になって対話形式で交互に弾いたり、同時に弾いたりしましょう。

Lesson 2

「どのケーキにするか迷っている」客と「おいしいケーキを勧めている」店員という場面の絵を見て、Lesson 1と同様に店員と客の２人を区別して弾きましょう。

Example

けんかにもいろいろありますが、たとえば激しいけんかの表現はどのようになるでしょう。

強　さ → 非常に強い
速　さ → 遅すぎない
音　域 → 男女、年齢により異なる
音　量 → 多くの鍵盤を使用する
奏　法 → レガートではなくスタッカートを中心にげんこつ、手のひら、ひじなど自由に使って

Point! ニュアンス

nuance（ニュアンス）は、もともと「色合い」「ことばの微妙な差異」という意味ですが、音楽では表現における強弱、速度、タッチ、楽句（節）などの微妙な相違や変化のことをいいます。したがって自分がとらえた音楽（あるいはイメージ）をどのように表現するかは、ニュアンスの扱いによって変わってきます。

即興演奏を学習する人は、いかなる場合でもニュアンスの伴った演奏を行うべきです。

STEP 8 イメージⅠ

Lesson 1

1 次の絵から受けるイメージを自由に表現します。まず、1人で演奏してみましょう。

2 一人一人のイメージを組み合わせて、連弾・重奏・グループ演奏などを楽しみましょう。

どんな音楽になりましたか。感じたことを音で表現するためには、**ニュアンス**（P.23 の Point 参照）がとても大切です。

Lesson 2 １人があるイメージを持ってピアノを演奏します（即興でも既成の作品でもよい。あるいは、CD をかけてもよい）。聴いている人は、その音楽から受けるイメージを絵に描きます。
演奏者と自分の持ったイメージには、どのような共通点や相違点があるか話し合ってみましょう。

Point! 五感

五感とは、視覚、聴覚、嗅覚、味覚、触覚を指しますが、リトミック教育の創始者であるエミール・ジャック＝ダルクローズ（Émile Jaques-Dalcroze　1865～1950〈スイス〉）は、六番目の感覚として「筋肉感覚」が存在するといっています。

身体の運動はある意味で筋肉の経験であり、その経験は筋肉感覚という感性によって測定されます。筋肉感覚は、運動のダイナミズムと空間における身体の状態との関係、運動の持続と強さとの関係、運動の準備と結果との関係によってもたらされるのです。

即興演奏を行う場合、音やその響きに対する感性と、五感および筋肉感覚との相互作用がとても大切になります。たとえば景色を見たときに、空の色や雲の形（動き）には「音」がありませんが、そのイメージ（ニュアンス）を腕や指の動きに変えて鍵盤を押してみることで、イメージが音楽になっていくのです。

STEP 9 ムーブメント

Lesson 1 次の絵のように人の指や手、腕の動きを見て即興演奏をします。２人１組で行い、１人がピアノの陰にかくれて指や手のひら、腕などを出したり引っ込めたり、左右に動かしたり、いろいろなニュアンスを表現します。演奏者はその動きに合わせて、白鍵・黒鍵を自在に使いそのニュアンスを表現しましょう。

Lesson 2

今度は、演奏者が先にいろいろなニュアンスを表現します。その演奏を聴いて、もう１人がそのニュアンスに合わせて指や手、腕を動かします。慣れてきたら、演奏者と指を動かす人が同時に表現し合うのもよいでしょう。

Example

指を動かす人は最初は指を隠しておき、演奏者に対してだんだん指が見えるように動かします。演奏者は、指が見えたら音を出し始めます。その他の動きは例を参照してください。

例

〈指を動かす人〉		〈演奏者〉
手や指を左右に移動する	⟷	移動するほうに鍵盤の位置を移動
指の数が増減・動きの大小	⟷	ダイナミックスの変化
なめらかに空間を移動	⟷	レガート
指を素早く見え隠れさせる	⟷	スタッカート

Point!　知覚

知覚とは、五感を通して感じたものを具体的なものとしてとらえる働きのことをいいます。

哲学者の西田幾多郎（1870 ～ 1945）は、すべての思惟（しい）（考えめぐらすこと）は、具体的な知覚の経験によって成立するといっています。

音楽におけるニュアンスや音の高さは、非常に抽象的でとらえにくいものですが、具体的な身体の動きを通して音楽を経験することにより、そのニュアンスを感じ、表現できるようになります。

STEP 10 グラフィック・スコア

Lesson 1

次の図を見て一定の速さで弾きましょう。
図にはSTEP 2（P.12）、STEP 4（P.16）に出てきた同じ図形があり、それぞれの音の出し方も同じです。ただし、図形の上下の分布は鍵盤の位置（音の高さ）を示しています。下は鍵盤の左のほう（低音部）、中間は鍵盤の中央（中音部）、上は鍵盤の右のほう（高音部）を弾きます。速さの目安は、★ は1秒間に1回、⬮ は2秒間に1回の割合で打鍵します。慣れてきたら、演奏の続きもつくってみましょう。

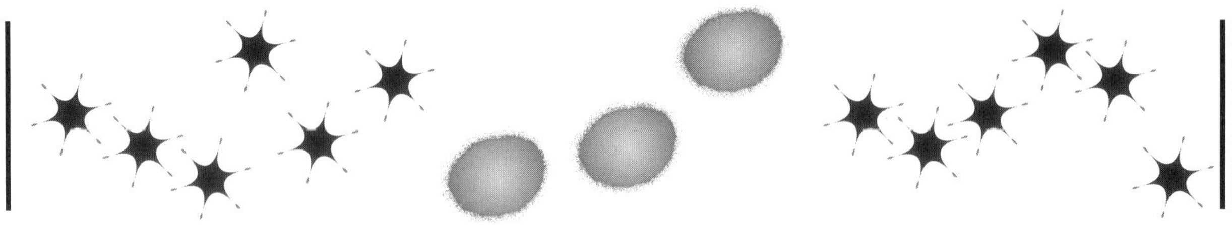

Lesson 2

次の図を見て一定の速さで弾きましょう。
図にはSTEP 4（P.16）、STEP 6（P.20）に出てきた同じ図形があり、それぞれの音の出し方も同じです。速さの目安は、○● は1秒間に2回、● は1秒間に4回くらいの割合で打鍵します。
〰 はダンパーペダル（一番右のペダル）を踏んだまま、白鍵の左端から右端へ3～4秒間グリッサンドで弾きます（両手同時でも片手でもよい）。 慣れてきたら、演奏の続きもつくってみましょう。

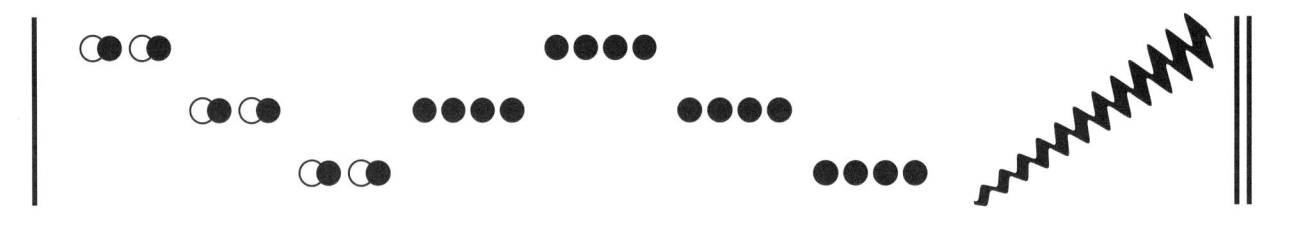

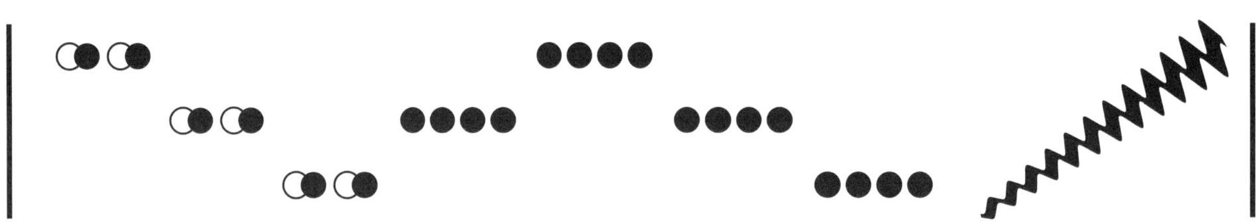

Lesson 3

次の図を見て一定の速さで弾きましょう。
図には、Lesson 1 と Lesson 2 の要素に加えて、STEP 6 に出てきたスタッカートの図形  があり、音の出し方も同じです。速さの目安は、  は 1 秒間に 2 回くらいの割合で打鍵します。慣れてきたら、演奏の続きもつくってみましょう。

※ 記号の高さは、絶対的な音高を示すものではありません。したがって、同じ高さの記号は必ずしも同じ音とは限りません。演奏するときは、具体的な物語を設定して演奏すると表現が豊かになります。学習者のレベルに合わせて、各記号のリズムやテンポは自由に設定してください。

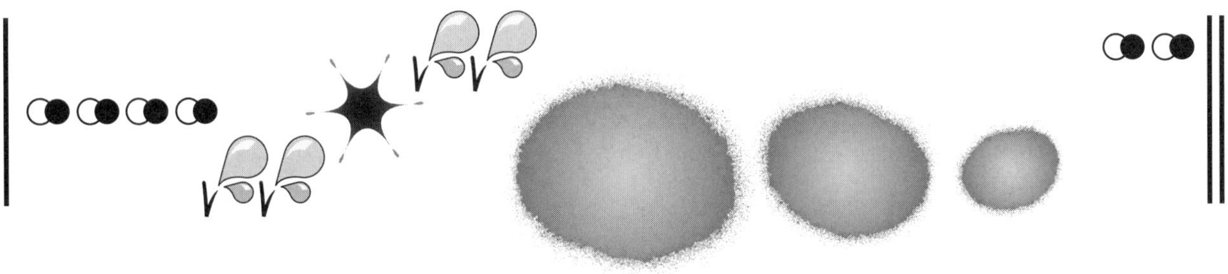

Point! 拍

音楽が進行しているときの時間的単位を「拍」といいます。語源は Zählzeit〈独〉の「打つ」からきています。
つまり、拍は音楽の見えない部分で規則的に流れている脈のようなものです（拍と拍子との関係については P.35、P.43 の Point 参照）。拍の知覚の方法として、歩行、脈拍、呼吸を意識するなどがあります。

Scene 1 鍵盤に親しむ

STEP 11 ノーテイション

Lesson 1

次の**五線譜表**（大譜表）は図形で音を表しています。　図形は、これまでの学習を踏まえて同じニュアンスで弾いてみましょう。音域だけでなく、音の強弱にも気をつけてください。 は1秒間に1回、 は2秒間に1回くらいの速さで弾きます。慣れてきたら演奏の続きもつくってみましょう。ただし、ここでは一音一音の位置を考えるのではなく、下のに示したように88個あるピアノの鍵盤を左のほうから最低音域・低音域・中音域・高音域・最高音域と、だいたい5つのグループに分けて弾きます。

大譜表

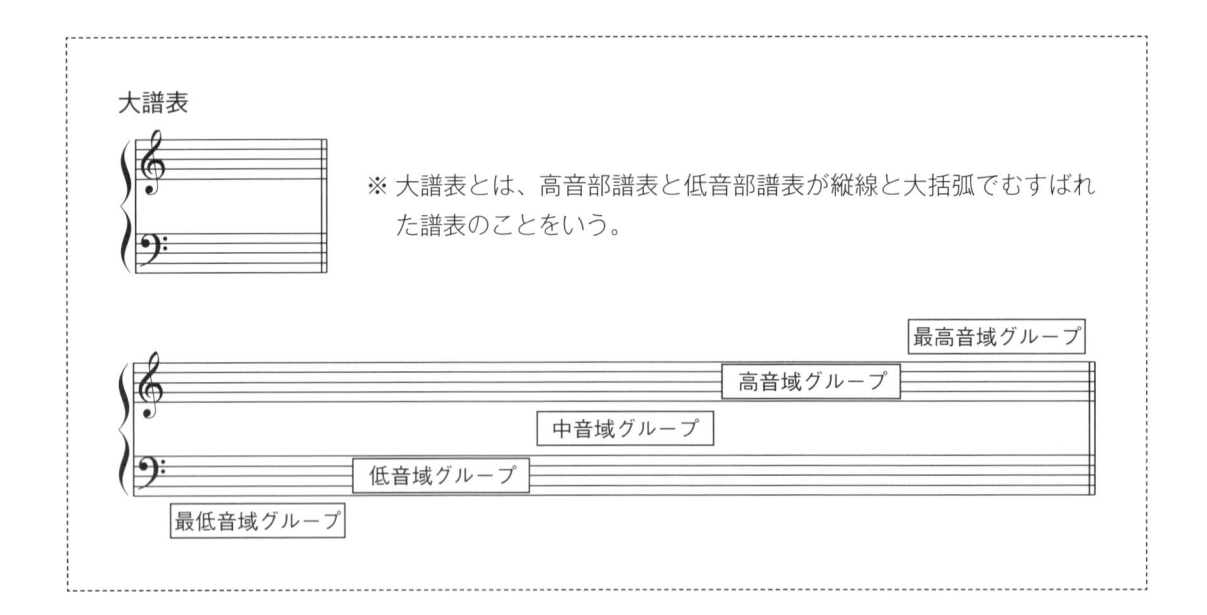

※ 大譜表とは、高音部譜表と低音部譜表が縦線と大括弧でむすばれた譜表のことをいう。

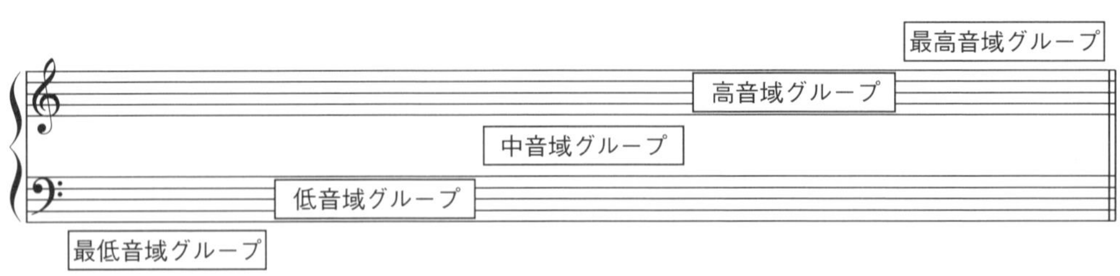

Lesson 2 次の図形で表した五線譜表（大譜表）を見て弾いてみましょう。Lesson 1と同様に鍵盤を5つの音域に分け、図形はこれまでの学習を踏まえて同じニュアンスで弾きます。 は2秒ぐらいで弾きます。 はグリッサンドで細いところは弱く、太いところは強く弾きます。 は4秒ぐらい音をのばします。慣れてきたら、演奏の続きもつくってみましょう。

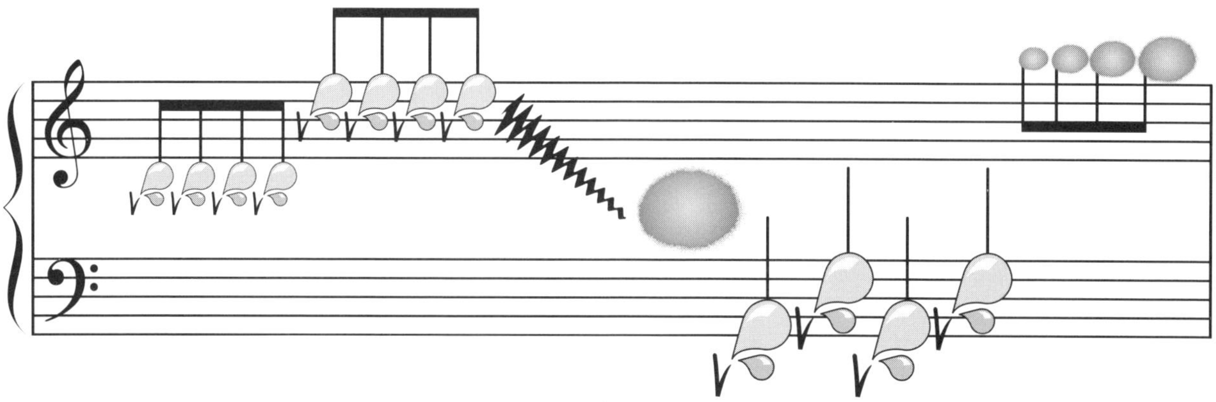

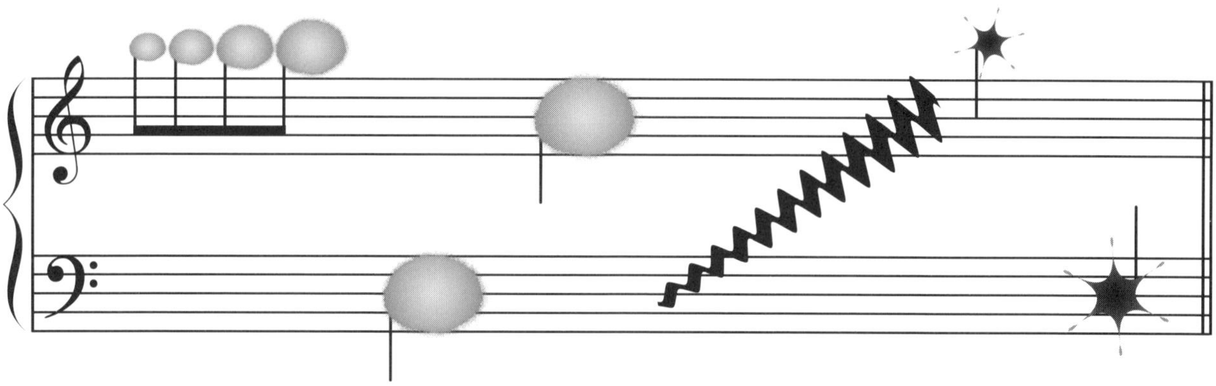

Point! 五線譜表

音楽を記録する方法は古来よりいろいろな方法が試みられてきましたが、現在使用されている五線譜表の原理が確立されたのは17世紀頃といわれています。

この譜表の特徴は次のとおりです。

- 音の高さが明確である
- 同時的な複数音を垂直方向に記すことができる
- 演奏に必要な音域を満たす、という条件の中でほかの方法　よりも視覚的にとらえやすい
- 縦線（小節線）を用いることで、拍子のまとまりがはっきりしている
- 調号（♯ ♭）を用いることで調子を明確にできる

ただし、この譜表は完全に音楽を表現できるものとはいえません。なぜならば、音楽の性格やニュアンス、各種民族音楽にみられる微妙な音の動き等を表現するには限界があるからです。

STEP 1 山登り

Lesson 1

下図の鍵盤の●印があるところが、ドの音です。実際にピアノで弾いて確かめてください。

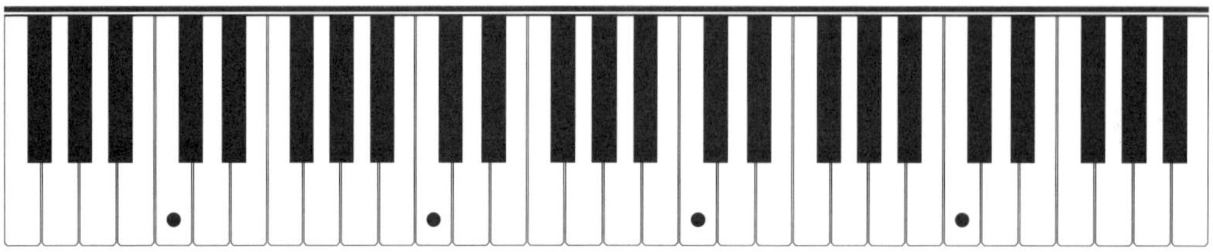

Lesson 2

次の大譜表にドの音をすべて書き入れてみましょう。

Lesson 3

1 山登りをイメージします。山に登って頂上まで行き、麓まで下りてくる様子を、実際に歩いて身体で表現してください。

2 ピアノでドの音のみを使って、山登りを表現します。鍵盤の左のほう（低音部）から右のほう（高音部）へだんだんゆっくりと移動すると、登っていく感じが出るでしょう。これを逆に弾くと、下りてくる様子が表現できます。
指導者は、伴奏として Example ①を弾いてください。

3 下にあるリズムで、登り・下りをドの音のみで演奏します。

4 ２人で実施します。１人は下にあるリズムをドの音のみで演奏します。もう１人(指導者)は伴奏として Example ②を弾きます。音楽の広がりを感じることが大切です。

登り

下り

Example

テンポは任意に

①

テンポは任意に

②

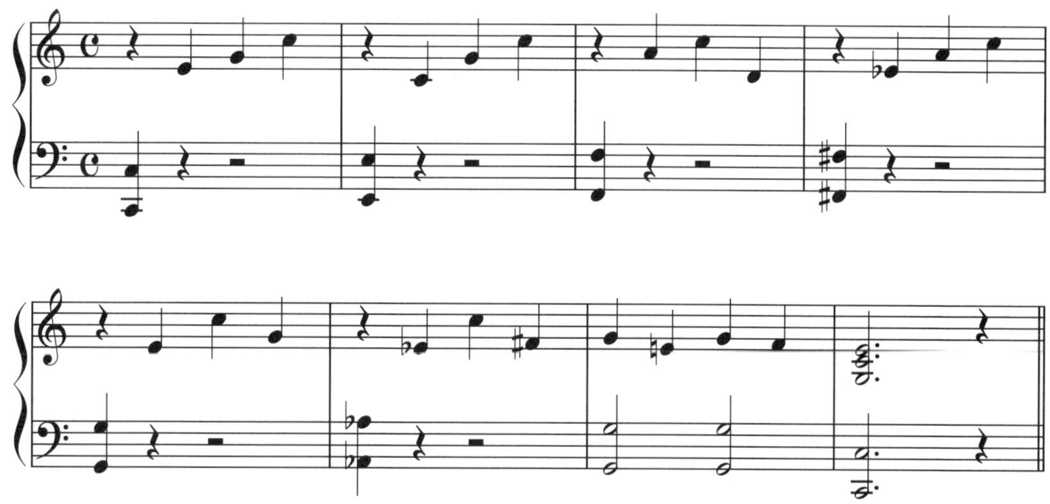

Point! 音名

オクターブ内に含まれる12の異なる音につけた固定的な名称を**音名**といいます。音名のつけ方は国によって異なり、下記に示したとおり世界各国においてさまざまな名称が用いられています。また、図には示していませんが、なかには嬰ヘ音（♯ファ）と変ト音（♭ソ）などのように、音名と表記が異なっていても同じ音を指すという異名同音（エンハーモニック）の関係になる音があります。

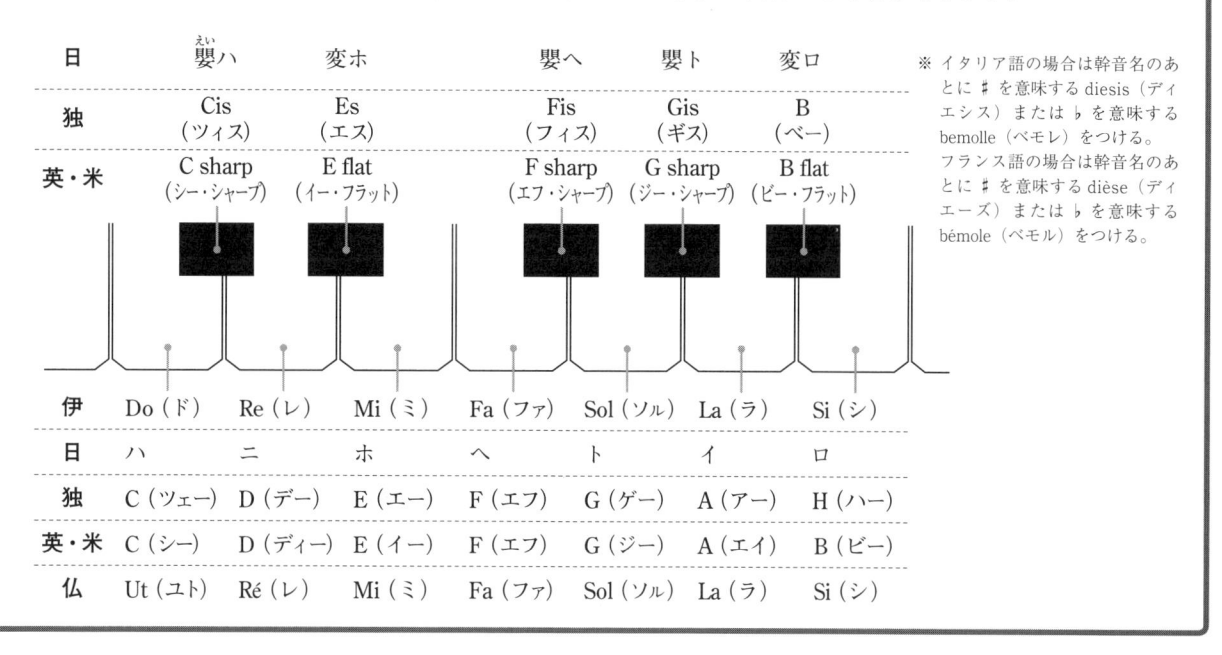

日	嬰（えい）ハ	変ホ	嬰ヘ	嬰ト	変ロ
独	Cis（ツィス）	Es（エス）	Fis（フィス）	Gis（ギス）	B（ベー）
英・米	C sharp（シー・シャープ）	E flat（イー・フラット）	F sharp（エフ・シャープ）	G sharp（ジー・シャープ）	B flat（ビー・フラット）

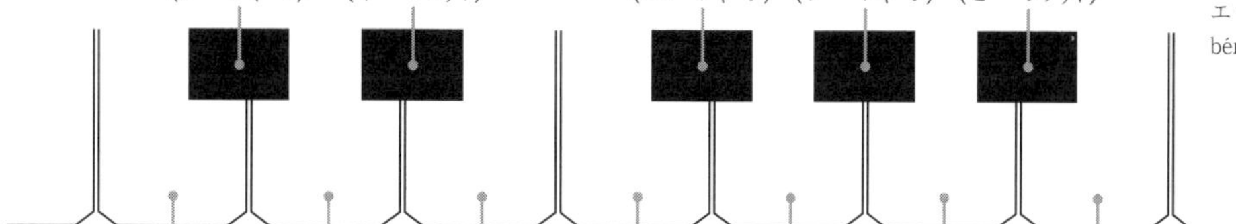

伊	Do（ド）	Re（レ）	Mi（ミ）	Fa（ファ）	Sol（ソル）	La（ラ）	Si（シ）
日	ハ	ニ	ホ	ヘ	ト	イ	ロ
独	C（ツェー）	D（デー）	E（エー）	F（エフ）	G（ゲー）	A（アー）	H（ハー）
英・米	C（シー）	D（ディー）	E（イー）	F（エフ）	G（ジー）	A（エイ）	B（ビー）
仏	Ut（ユト）	Ré（レ）	Mi（ミ）	Fa（ファ）	Sol（ソル）	La（ラ）	Si（シ）

※ イタリア語の場合は幹音名のあとに ♯ を意味する diesis（ディエシス）または ♭ を意味する bemolle（ベモレ）をつける。フランス語の場合は幹音名のあとに ♯ を意味する dièse（ディエーズ）または ♭ を意味する bémole（ベモル）をつける。

STEP 2 広野を行く

Lesson 1

下にある５つのリズム型（a～e）を使って、次の３種類の即興演奏をします。

①**ド**だけ（または**レ**だけ、**ミ**だけ）の音で
②**ド**と**レ**（または**レ**と**ミ**、**ド**と**ミ**）の音で
③**ド**と**レ**と**ミ**の音で

音の高さ（鍵盤の位置）を変えたりして、音楽の雰囲気を考えて何度も練習しましょう。

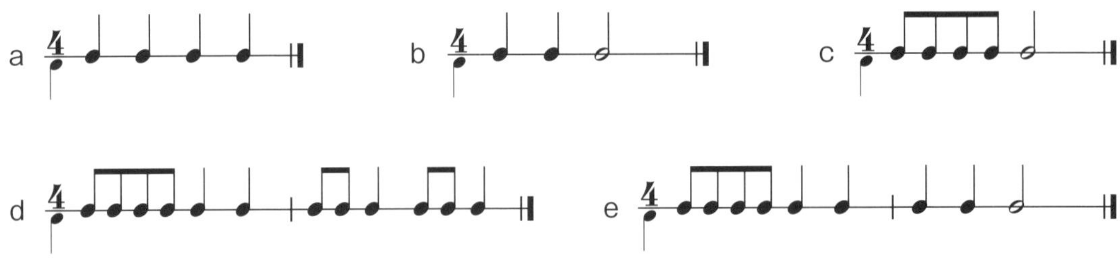

リズム型の最初についている拍子記号（♩/4）の書き方は、リトミックの創始者であるエミール・ジャック＝ダルクローズが考案したもので、分母に拍子の基になる音符が記されているので非常にわかりやすく、子どもの指導には最適です。

Lesson 2

５つのリズム型にこだわらずに、**ド・レ・ミ**の３つの音でメロディーをつくります。

Example　Lesson 1のリズム型aとbを使い、**ド・レ・ミ**の音でつくったメロディーです。伴奏例も参考にして、連弾してみましょう。この場合、メロディーは1オクターブ上げて弾きます。

『広野を行く』

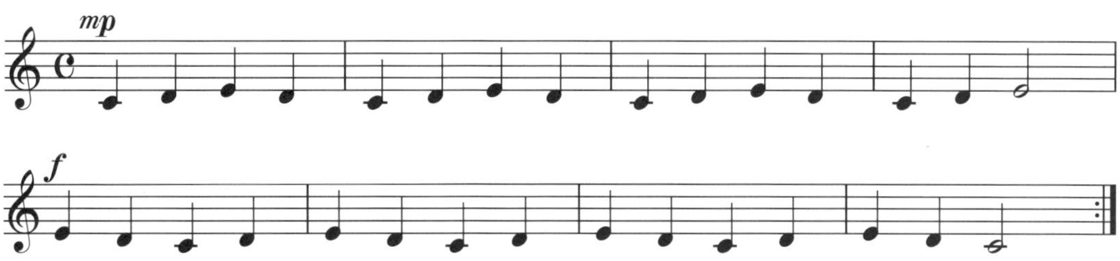

伴奏例 

A. Sugimoto 作曲

Point!　拍子①

規則的に進行する拍の流れに、ある一定の周期を持った強勢（アクセント）が表れることによって、拍子が確立されます。このときのアクセントには、心理的なものと物理的なものとがありますが、一般的には心理的なアクセントであり、物理的なアクセントを伴う楽曲は稀です。

たとえば2拍子は強－弱－強－弱、というように強拍と弱拍とが交互に繰り返されることによって成立しますが、実際の楽曲演奏では、決して強－弱－強－弱とは演奏されていません。もし、作曲家が強拍である1拍目に実際的なアクセントがほしい場合には、＞（アクセント記号）をつけることになります。また、ショパンの『マズルカ』*のように2拍目や3拍目に物理的なアクセント（ 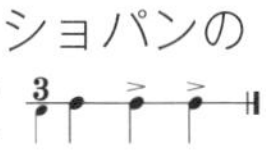 ）が出現しても、私たちの耳には確実に1拍目をとらえることができます。これは、心理的なアクセントが聴こえて、1拍目の強勢を知覚するためです。

拍子を確立する要素として、①和声（ハーモニー）、②メロディー、③リズムなどがあります。

＊マズルカ…ポーランドの民族舞曲

STEP 3 ブルース

Lesson 1

下にある９つのリズム型を使って、**ド・レ・ミ**の３つの音で４～16 小節の長さのメロディーをつくります。

Lesson 2

1 自分でリズムをつくり、手で打ちます。

2 ２人で実施します。Lesson ２-**1** で考えたリズムを１小節、あるいは２小節ずつ２人で交互に打ち合います。テンポや拍を保って、間をあけずに続けましょう。

3 つくったリズムを下の空欄に書き入れ、それを使って**ド・レ・ミ**の音でメロディーをつくります。

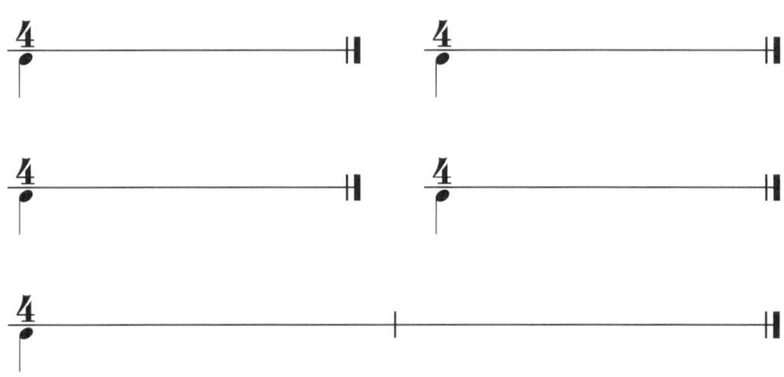

Point! 音階①

音楽に用いられる音を、ある音を起点として音の高さの順に階段的に並べたものを音階といいます。音階には、オクターブに含まれる音の数や民族や時代によってさまざまな様式がありますが、一般的によく用いられているのは、17 ～ 18 世紀の西洋音楽の中で形成された長音階と短音階です。

長音階と短音階において、音階の性格を決定づけるうえで重要となるのが第１音と第４音と第５音で、それぞれ主音、下属音、属音と呼ばれています。また、第７音は導音と呼ばれています。

主　音……音階の基礎となる最も重要な音で、各調はこの主音名で呼ばれます。

下属音……主音から完全５度下に位置する音で、主音と属音の働きを補助する音です。

属　音……主音の次に重要な音で、主音から完全５度上に位置する音です。主音と同様、ともに調を支配します。

導　音……主音から７度上に位置する音で、主音に進行しようとする働きをもっています。主音を導く働きをもつためにこの名前がつきました。

Example いろいろなリズムを使い、**ド・レ・ミ**の音でつくったメロディーです。伴奏例も参考にして連弾してみましょう。この場合、メロディーは2オクターブ上げて弾きます。

『ブルース』

伴奏例（左手のみでも可）

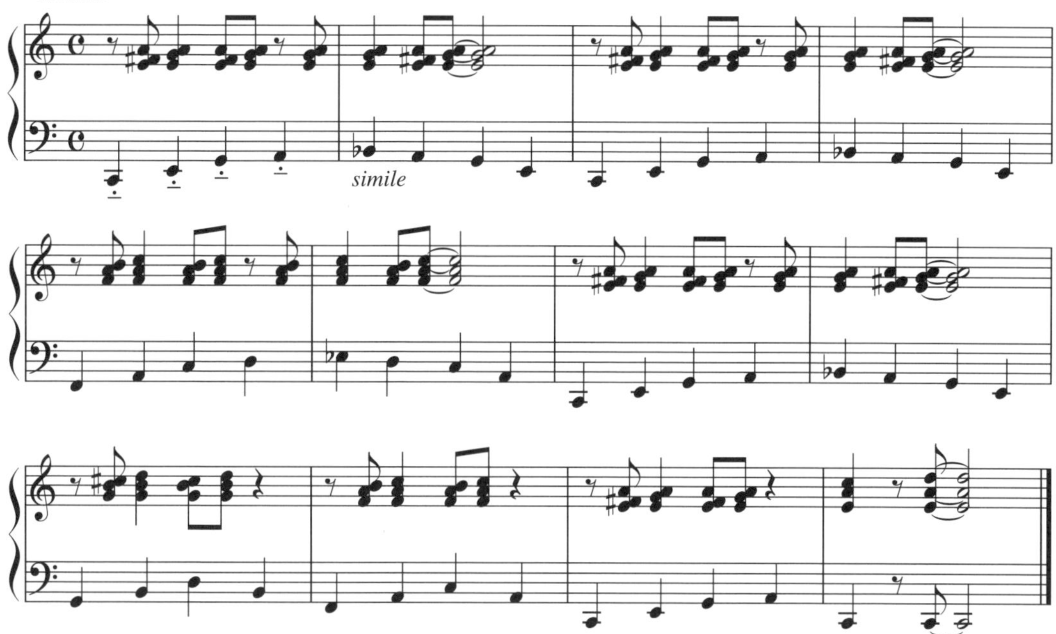

Point! 音階②

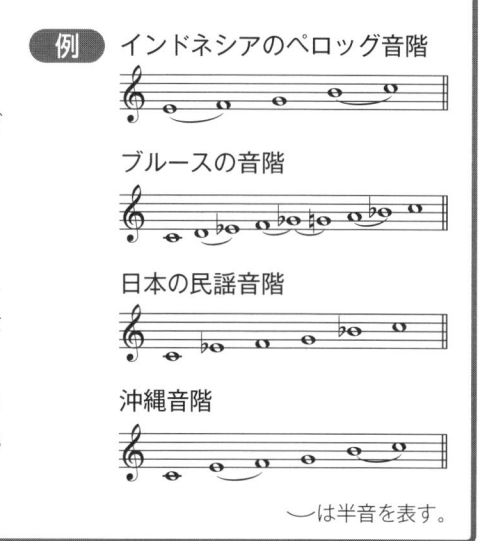

世界には時代、宗教、地域、民族などによってさまざまな音階があり、古代ギリシャ時代にはすでにその理論が成立していたといわれています。西洋音楽とその流れをくむ音楽には、次のような音階があります。

①古代ギリシャの音階
②中世教会音楽の音階
③全音階的音階（長音階と短音階）
④半音階
⑤全音音階
⑥十二音音階
⑦ヴェルディやメシアンなどがつくった人為的な音階

また、民族的な音階としては、アイルランド、スコットランド、ハンガリー、ジプシー、アラビア、インド、ジャワ、中国、日本などの音階があります。

このSTEPで用いられている「ブルース」の音階は、アフリカ音楽の影響や黒人霊歌を経て、19世紀後半にアメリカの黒人たちによって形成されたものです。

例

インドネシアのペロッグ音階

ブルースの音階

日本の民謡音階

沖縄音階

⌒は半音を表す。

Scene 2 やさしい即興演奏・簡易伴奏〈導入編〉

STEP 4 おやすみ

Lesson 1

下にあるリズムを使って、**ド・レ・ミ・ソ**の4つの音でメロディーをつくります。

Lesson 2

次のメロディーを弾きます。3小節目は即興的につくり、4小節のメロディーを完成させましょう。**ド・レ・ミ・ソ**の4つの音でつくります。

Lesson 3

次のメロディーを弾きます。空白の小節は即興的につくり、8小節のメロディーを完成させましょう。**ド・レ・ミ・ソ**の4つの音でつくります。

Example Lesson 3を完成させた例です。下の伴奏例を参考にして連弾してみましょう。連弾する際のメロディーは1オクターブ上げて弾きます。『おやすみ』という題にふさわしいように、やさしく静かに演奏してください。

『おやすみ』

伴奏例

Point! 長調

長音階による曲を長調の曲といいます。長音階とは、第3音と第4音、第7音と第8音の間が半音で、その他の音の間は全音＊1の音程＊2からなる音階のことです。起点の高さ（第1音の音名）によって、ハ調長音階やニ調長音階などのように呼びます。

たとえば、ハ長調とは、ハ調長音階が基礎となってできている楽曲のことです。

長調には、以下のような種類があります。

変ハ長調、ハ長調、嬰ハ長調、変ニ長調、ニ長調、変ホ長調、ホ長調、へ長調、嬰へ長調、変ト長調、ト長調、変イ長調、イ長調、変ロ長調、ロ長調

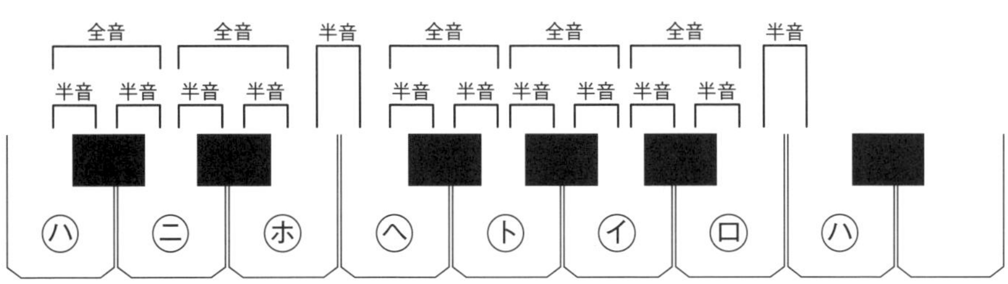

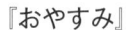

例 ハ音を主音とする長音階

ニ音を主音とする長音階

＊1全音…半音2つからなる音程。

＊2音程…2つの音の高さがどのくらい離れているかを表し、単位は度である。2度の場合を例にとると、全音の2度と半音の2度があり、全音は長2度、半音は短2度となる。

STEP 5 さざなみ

Lesson 1

次のメロディーを弾きます。空白の部分は楽譜下のリズムを参考に歌います。４小節目の半終止の部分は**シ・レ・ソ**のいずれかの音を選んでください（半終止とはまだ完全に終結していない状態で、楽曲の段落を示します。この場合は**ド・ミ**の音は一般的に用いません）。８小節目の完全終止の部分は、**ド**の音を入れます（楽曲が終結するために必要）。７小節目は、前の小節と次の小節とのつながりを考えてメロディーをつくりましょう。

Lesson 2

次のメロディーを弾きます。半終止の部分は**シ・レ・ソ**のいずれかの音を、完全終止の部分には**ド**の音を入れます。空白の部分は、２小節ごとのフレーズを考え、終止に気をつけてメロディーをつくりましょう。

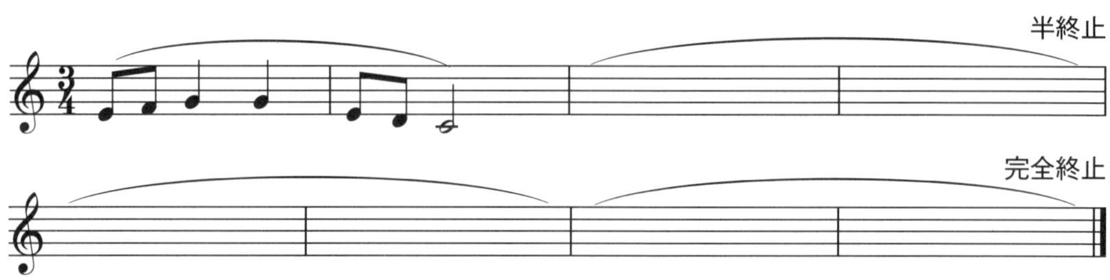

Lesson 3

次のメロディーを弾きます。空白の部分は、１～２小節に続けて同じようにつくります。
『さざなみ』という題がついているので、２拍子の揺れる様子（身体が左右に動く）を感じるようにメロディーを考えて、演奏しましょう。

『さざなみ』

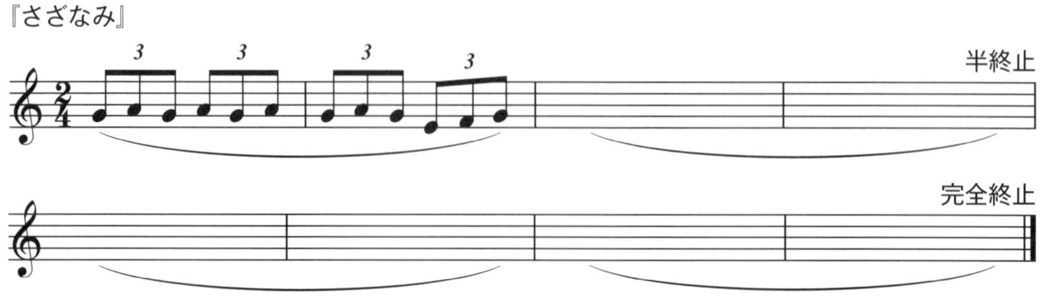

Example

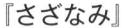

Lesson 1～3を完成させた例です。
『さざなみ』には**三連符**（♪♪♪）が使われています。
通常、八分音符（♪）は四分音符（♩）の半分の長さですが、♪♪♪と記譜された場合は、♩1つの音価に対して$\frac{1}{3}$の長さで均等に♪を3つ演奏します。

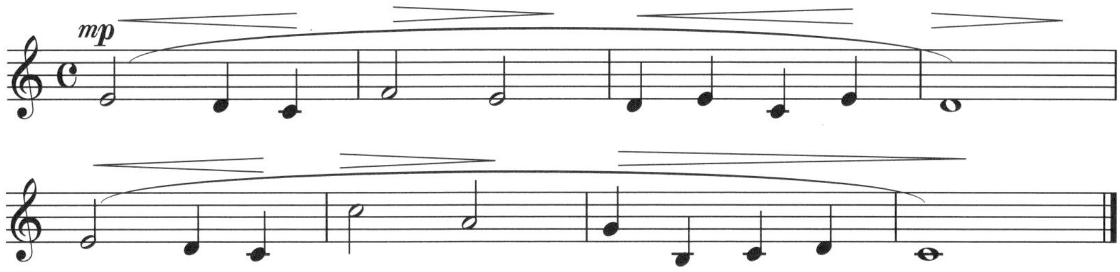

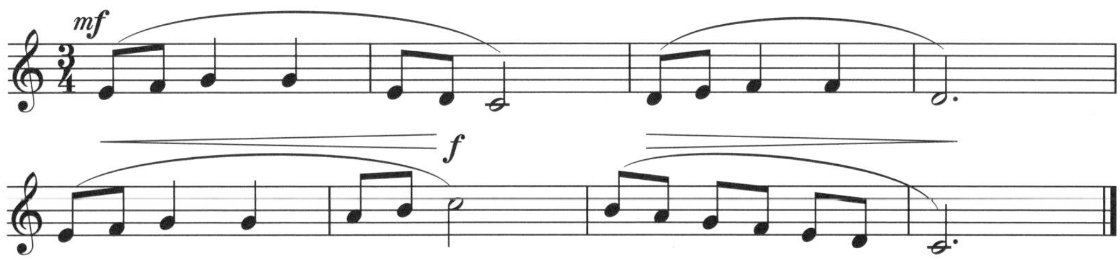

『さざなみ』

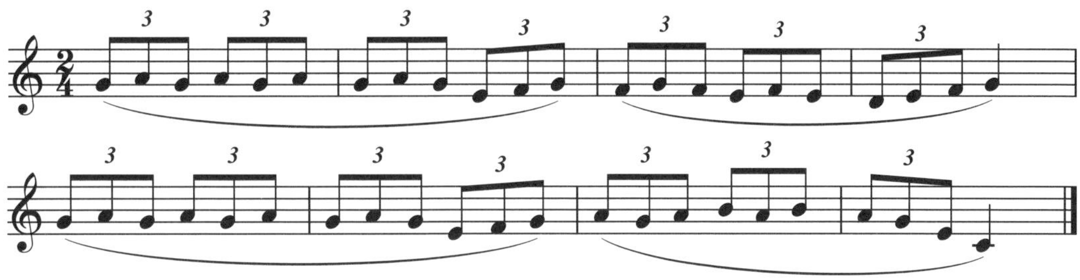

Point! モチーフ

音楽を構成する要素のうち、独立性を保持し得る最小の単位をモチーフ（動機）といいます。
たとえ2つの音しかなくても、それらが旋律的、あるいはリズム的に十分な特徴をもっていれば、それは動機を構成することになります。
古典的な音楽形式論にしたがえば、動機は2つの強拍をもち（2小節構造）、さらに2つの部分動機に分かれることもあります。

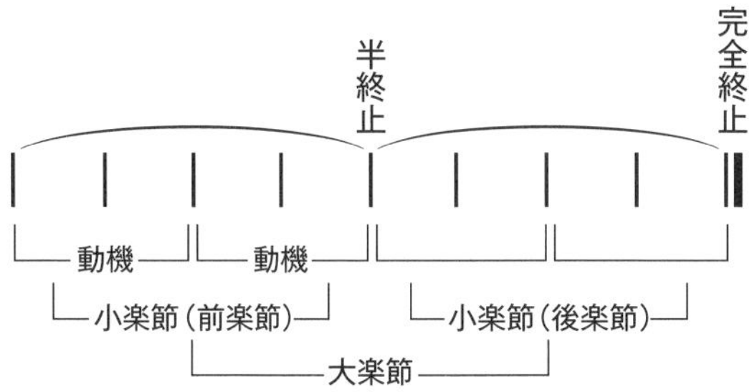

STEP 6 かけっこ

Lesson 1

次の曲は、かけっこの軽快な感じを出すためにスタッカートがついています。音が間延びしないように演奏しましょう。４小節目は半終止です。空白の部分は、１～２小節に続けてつくります。リズムに気をつけて、かけっこの感じが失われないように表現してください。

『かけっこ』

Lesson 2

次のメロディーを弾きます。空白の部分はリズムを歌います。メロディーを考えながら何度も弾きましょう。憂いのあるメロディーなので、レガートにゆっくりと演奏してください。♩. のリズムは短くなりすぎないよう気をつけて弾きましょう。

Lesson 3

次のメロディーを歌います。空白の部分は、終止に気をつけてメロディーの続きをつくりましょう。完成したメロディーをピアノで弾きましょう。

Example　Lesson 1～3を完成させた例です。

『かけっこ』

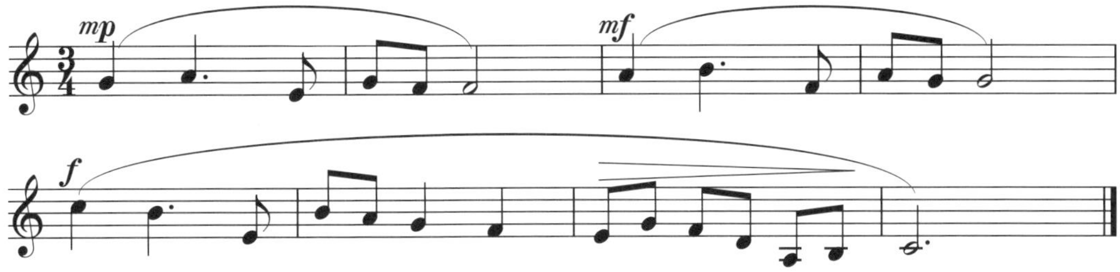

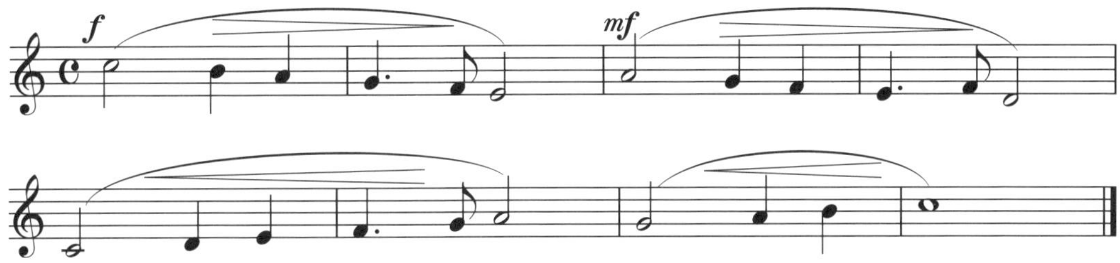

Point!　拍子②

拍子は、次の３種に大別されます。

①単純拍子

すべての拍子の基礎となるもので、２拍子、３拍子、４拍子があります。

②複合拍子

２拍子、３拍子がそれぞれ２つ以上複合したもの、と考えるのが一般的ですが、本来は単純拍子であった拍子の各拍が、それぞれ３つの小単位に分かれた拍子と考えることもできます。６拍子、９拍子、12拍子がもっとも多い例です。

③混合拍子

同一でない単純拍子が混合してできた拍子です。よく見られるものとして、５拍子（２＋３または３＋２）、７拍子（３＋４または４＋３）などがあげられますが、より複雑な混合拍子も存在し、実際に使用することが可能です（例参照）。

例　７拍子（２＋２＋３　etc）、８拍子（３＋３＋２　etc）、
９拍子（５＋４、３＋２＋２＋２　etc）、10拍子（３＋３＋４　etc）、
11拍子（４＋４＋３　etc）など。

STEP 7 メリーさんの羊

Lesson 1

1『メリーさんの羊』を歌いながら、右手でメロディーを弾きます。

2 左手で伴奏型①を弾きながら右手でメロディーを弾きます。

3 左手のドの音（伴奏型①）とメロディーの響きに耳を傾けながら弾いてください。どこか合わないところはありませんか。合うように左手の伴奏の音を工夫してつけてみましょう。

4 全音符での伴奏に慣れたら、伴奏型②を使って二分音符の伴奏もつけてみましょう。

伴奏型

①②

『メリーさんの羊』　アメリカ民謡

Lesson 2

1 次の曲は、3拍子に編曲された『メリーさんの羊』です。伴奏型を使って付点二分音符の伴奏をつけてください。

2 左手のドの音とメロディーが合わないところは、左手の伴奏の音を工夫してつけてみましょう。

伴奏型

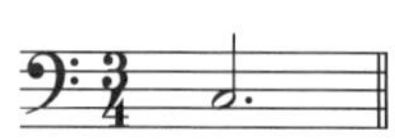

Lesson 3

1 次の曲は、3拍子に編曲されたもう1つの『メリーさんの羊』です。4小節目からは、1～3小節と同じようなリズムでメロディーを弾いてみましょう。

2 完成したメロディーに伴奏型を使って付点二分音符の伴奏をつけてください。左手のドの音とメロディーが合わないところは、音を工夫してつけてみましょう。

伴奏型

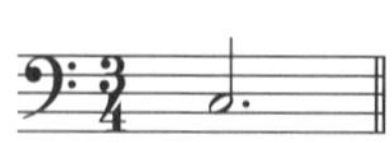

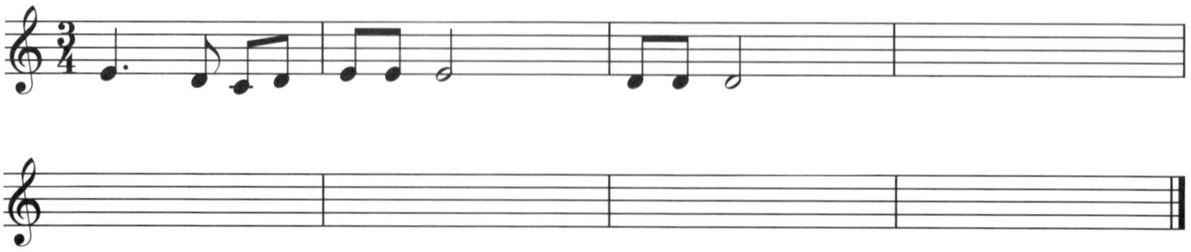

Example

Lesson 3を完成させた例です。付点二分音符（♩.）による伴奏が弾けるようになったら、四分音符（♩♩♩）の伴奏にも挑戦してみましょう。

※（ ）のファを重ねると自然な響きになります。

Point! 一部形式

メロディーの最小単位となるモチーフ（動機）は、ふつう2小節でできており、動機が2つ集まって小楽節となります（P.41のPoint参照）。この4小節からなる小楽節を2つつないだものを大楽節といい、前半を前楽節、後半を後楽節といいます。

一部形式は、この大楽節1つからできている形式の楽曲をいい、似ている動機の小楽節を反復する**A（a+a′）**や、異なる動機の小楽節を組み合わせた**A（a+b）**などの形があります。

『メリーさんの羊』は、A（a+a′）の一部形式です。

Scene 2 やさしい即興演奏・簡易伴奏〈導入編〉

STEP 8 とけい

Lesson 1

1 スタッカートとレガートに気をつけて、次のメロディーを弾きます。

2 伴奏型①や②を使って伴奏をつけましょう。

3 伴奏のドの音がメロディーと合わないところは、ほかの音を探してください（たとえば、**シャソ**）。また、曲の終わり部分は音とリズムも工夫して弾きましょう。

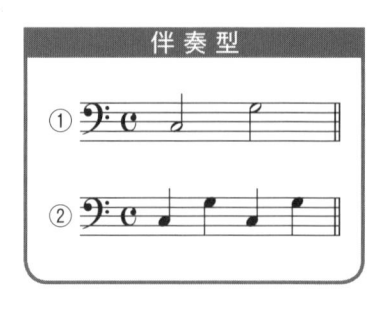

伴奏型

『とけい』　　ドイツのうた

Lesson 2

1 ４小節（前楽節）のメロディーがあります。メロディーの続きを、**二部形式** A（a+a′）＋B（b+a′）の曲になるように即興的に弾いてみましょう。

2 完成したメロディーに、伴奏型①や②を使って伴奏をつけましょう。

伴奏型

Example　Lesson ２の伴奏型②を使い、完成させた例です。

Point! 二部形式

２つの大楽節（ふつう８小節からなる）からできている形式の楽曲を二部形式といいます。大楽節の組み合わせによって A (a+a′) + B (b+b′)、A (a+a′) + B (b+a′)、A (a+a′) + B (b+c)、A (a+b) + B (c+a)、A (a+b) + B (c+b) などの型があります。

たとえば、シューベルトの『子守歌』やフォスターの『故郷の人びと』は、A（a+a′）＋ B（b+a′）の二部形式です。

STEP 9 さようなら

Lesson 1

1『さようなら』のメロディーを歌いながら弾きます。フレーズの切れ目でブレス（息つぎ）をし、メロディーのまとまりを意識しましょう。

2 このSTEPから２つの音を同時に弾く伴奏を行います。まず左手で**ド**と**ソ**の鍵盤を同時に押さえる練習をしましょう。

3『さようなら』のメロディーに伴奏をつけます。まず伴奏型①を使って伴奏をつけ、次に伴奏型②で伴奏をつけてください。メロディーより伴奏が強くならないように、演奏をよく聴きながら弾きましょう。

伴奏型

『さようなら』

ドイツ民謡

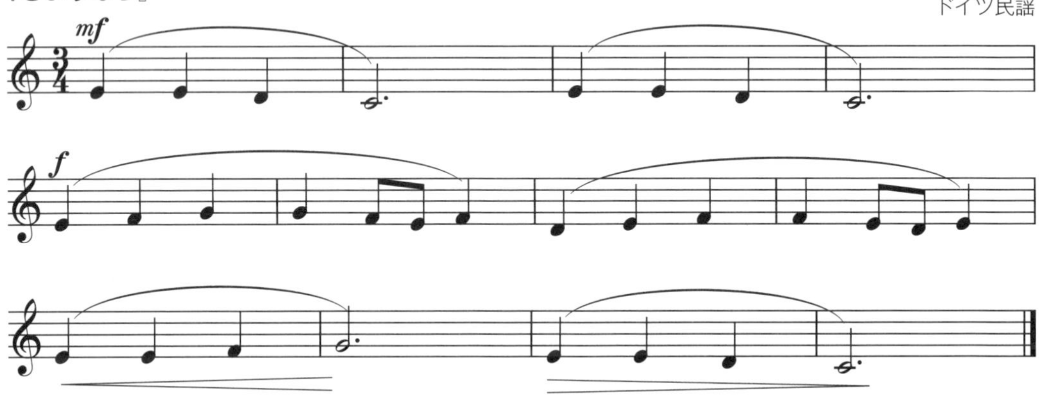

Lesson 2

1 ２小節のメロディーがあります。空白の部分は、メロディーの続きを即興的に弾いてみましょう。

2 完成したメロディーに、伴奏型①や②を使って伴奏をつけましょう。伴奏の音がメロディーと合わないところは、左手の**ド**の音を**シ**や**ソ**にかえるなど工夫しましょう。

伴奏型

Example　Lesson 2の伴奏型②を使い、完成させた例です。

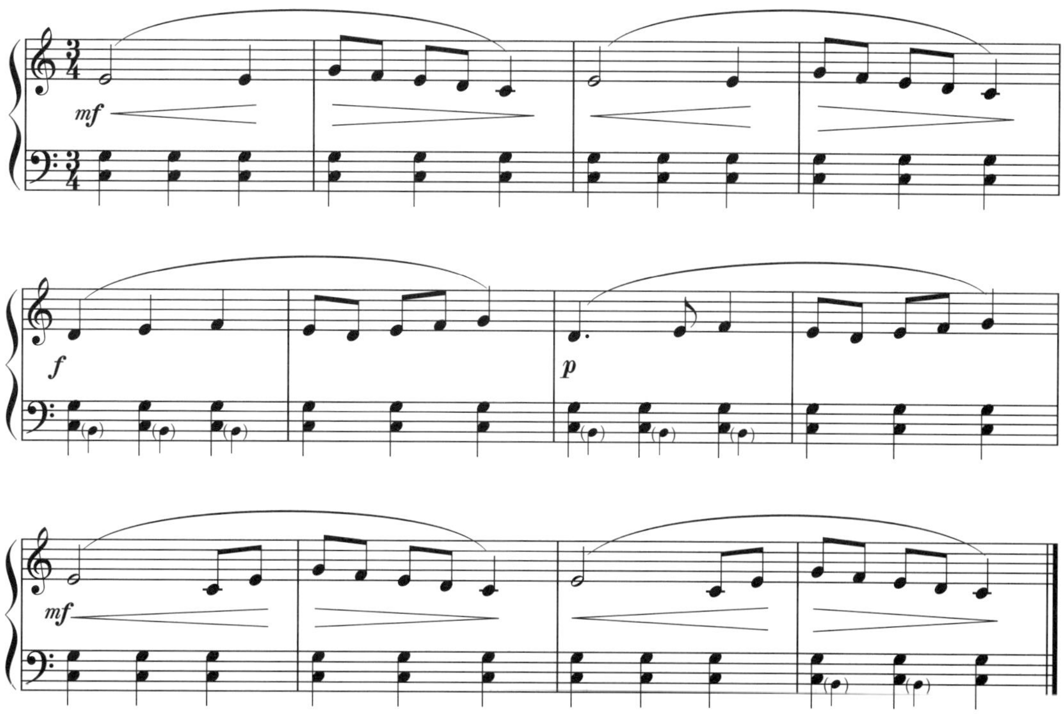

Point!　**和音と重音**

高さの異なる2つ以上の音が、同時に響いて合成された音を和音といいます。ただし、一般的には3度の積み重ねによる**三和音**（3つの音からできている。P.72のPoint参照）が基本的な和音と考えられています（例参照）。

また、重音とは弦、鍵盤楽器において2音およびそれ以上の音を同時に演奏することをいいます。

例 

STEP 10 フランスのうた

Lesson 1

1『フランスのうた』は**短調**の曲です。メロディーを歌いながら弾いてください。これまでのSTEPで取り上げた長調の曲との違いを感じましょう。

2 伴奏型①で『フランスのうた』に伴奏をつけ、ゆっくり弾いてください。伴奏とメロディーの響きをよく聴きましょう。

3 伴奏型②で伴奏をつけてみましょう。

伴奏型

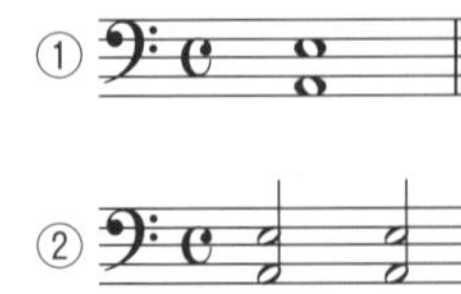

『フランスのうた』

Lesson 2

1 次のリズムを手で打ってみましょう。ほかにも、リズムに合わせて足踏みしたり歩いたりして、このリズムに慣れ、フレーズを感じてください。

2 左手で伴奏型①を弾きながら、下のリズムでメロディーをつくり、歌います。また、つくったメロディーを右手で弾いてみましょう。

3 左手で伴奏型②を弾きながら、下のリズムでメロディーをつくり、即興的に弾きましょう。

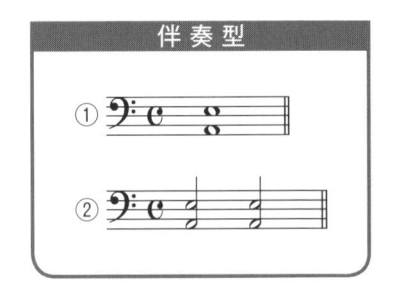

伴奏型

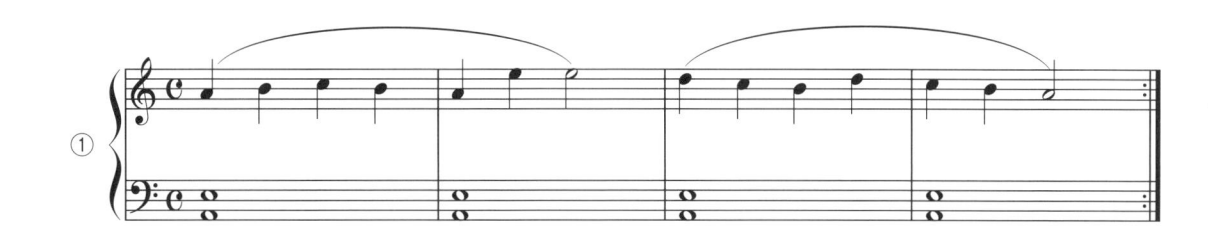

Example　Lesson 2-❷、Lesson 2-❸ を完成させた例です。

①
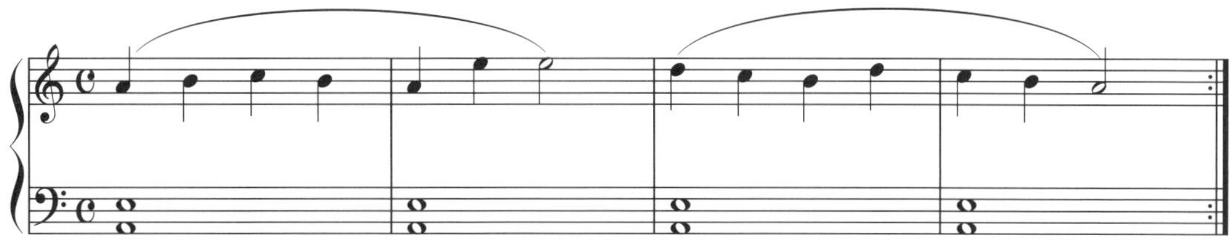

②
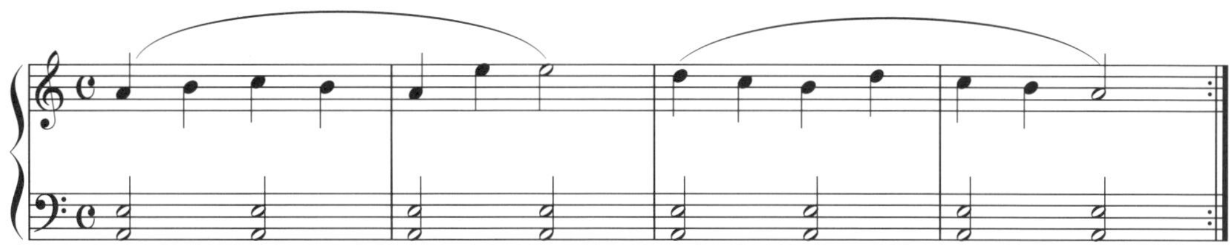

Point! **短調**

短音階による調子を短調といいます。

短音階には、自然的短音階、和声的短音階、旋律的短音階の３つの種類があり、短調の楽曲中では、この３つの音階が必要に応じて用いられます。１曲中に１つの音階だけのものもあれば、３種類すべてが使われることもあります。

自然的短音階

和声的短音階

旋律的短音階

STEP 11 イギリスの兵隊

Lesson 1

1『イギリスの兵隊』のメロディーを兵隊が行進しているように、元気に歯切れよく弾きます。

2 メロディーに伴奏をつけます。伴奏型①を使って弾いてみましょう。ただし、メロディーの※印の部分のみ伴奏型②を使います。伴奏型の＞（**アクセント**）のついている音に注意して弾きましょう。

伴奏型

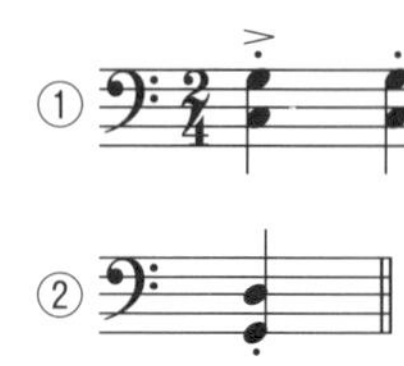

『イギリスの兵隊』　イギリス民謡

Lesson 2

1 次のリズム・フレーズを、＞（アクセント）に気をつけて、手で打ちます。𝅗𝅥を打つときは、二分音符の長さを正確に表現するために打ったあとの手を大きく回すようにしましょう。

2 リズム・フレーズをもとにメロディーをつくります。A の部分はハ長調で、B の部分はト長調です。

3 A の部分は伴奏型①、B の部分は伴奏型②を使って、完成したメロディーに伴奏をつけて弾いてください。

伴奏型

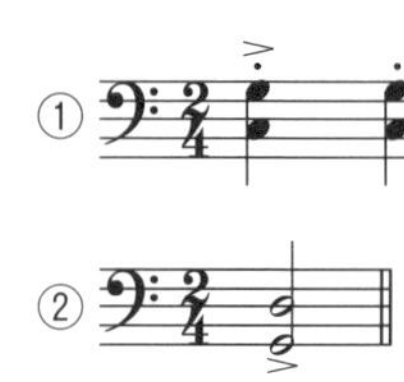

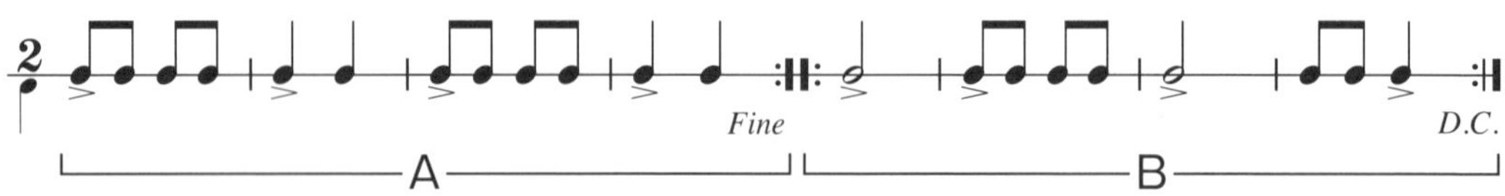

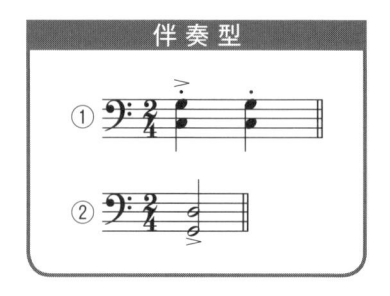

＊ D.C.（ダ・カーポ）… 曲の始めに戻って Fine（フィーネ）まで繰り返して演奏する。

Example Lesson 2-❸ を完成させた例です。

Point! アクセント

ある音がほかの音よりも実際にまたは心理的に強調されるとき、その音はアクセントがあるといいます。

アクセントは次の２種類に大別されます。Metric accent（拍節的アクセント）は、拍子の第１拍目にあるアクセントで、これは規則的なアクセントです。それに対して、不規則的なアクセントである Pathetic accent（感情アクセント）には、① tonic accent ② agogic accent ③ dynamic accent などがあります。『イギリスの兵隊』に使われているアクセントは、dynamic accent です。

用語	（読み方）	意味
tonic accent	（トニック・アクセント）	高低アクセントで、周囲の音より高められることによって表されるアクセント。
agogic accent	（アゴージィク・アクセント）	緩急アクセントで、周囲の音より長くのばされることによって表されるアクセント。
dynamic accent	（ダイナミック・アクセント）	強弱アクセントで、周囲の音より強められることによって表されるアクセント。

＊ dynamic accent には ＞ ∨ ∧ *fz* などの記号が用いられます。

STEP 12 メヌエットI

Lesson 1

1 『メヌエット』のメロディーを歌いながら弾きます。速く弾く必要はありません。メヌエットは、17世紀の中頃に宮廷舞踊として大いに愛好されたフランスの優雅な３拍子の舞曲です。
Aの部分はハ長調、Bの部分はAと同じ旋律ですがト長調に**転調**しています。

2 メロディーのAの部分は伴奏型①、Bの部分は伴奏型②を使って、左手で伴奏をつけて弾いてください。

3 次にメロディーのAの部分は伴奏型③、Bの部分は伴奏型④を使って、伴奏をつけて弾いてください。このとき、左手がスタッカートになったり、乱暴になったりしないように注意します。優雅な踊りの曲であることを忘れないでください。

伴奏型

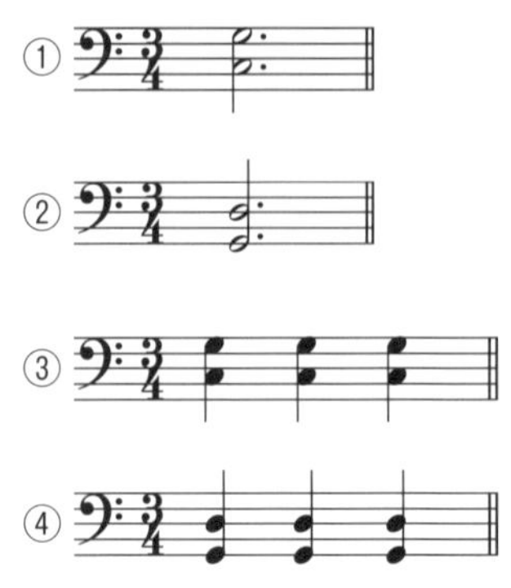

『メヌエット』

J.P. ラモー作曲

Lesson 2

1 ４小節のメロディーがあります。空白の部分は、メロディーの続きをつくって演奏しましょう。Aの部分はハ長調で、Bの部分はト長調に転調しますが、Aの旋律をそのままト長調に移して演奏します。

2 Lesson 1で使った伴奏型を参考にして、完成したメロディーに伴奏をつけましょう。

Example　Lesson 2-❷ を完成させた例です。

Point!　**転調**

　楽曲の途中で調が変化することを転調といいます。わずかな間だけ他調に触れたり、その特徴を一時的に借用する「一時的転調」というものもありますが、本来の意味においては新しい調を比較的長く保持するものを指します。

　また転調には、近親調への転調と、遠隔調への転調の２種類があり、ここでは近親調について取り上げます。近親調には、もとになる調を**主調**としたとき、その関係性によって**同主調**（主音が同じ調）、**平行調**（調号が同じ調）、**属調**（主調の属音が主音となる調）、**下属調**（主調の下属音が主音となる調）などに分けられます。近親関係にある調への転調の例は以下のとおりです。

例

同主調転調……ハ長調 → ハ短調
平行調転調……ハ長調 → イ短調
属調転調………ハ長調 → ト長調
下属調転調……ハ長調 → ヘ長調

STEP 1 むすんでひらいてⅠ

Lesson 1

1『むすんでひらいて』はABAの典型的な**三部形式**です。メロディーを右手で弾きましょう。

2 伴奏をつけてみましょう。Aの段は伴奏型①の**オスティナート**を使って生き生きはっきりと、Bの段は伴奏型②のオスティナートを使って優しくなめらかに弾きます。

伴奏型

『むすんでひらいて』

ジャン=ジャック・ルソー作曲※

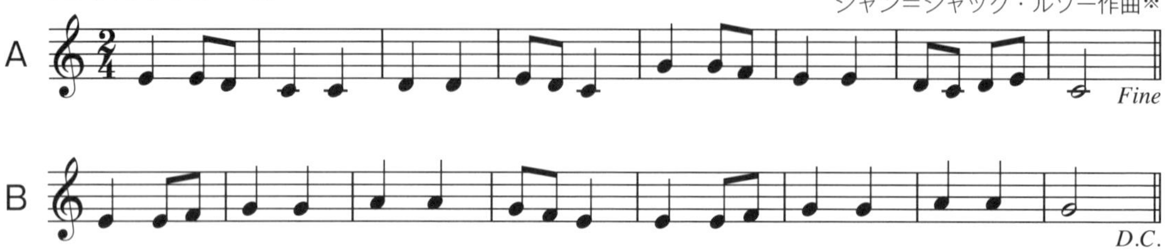

※『むすんでひらいて』の作曲者は、作家・思想家としても有名なジャン=ジャック・ルソーといわれていますが、この曲の旋律の原形はオペラ『村の占師』に見ることができるものの、ルソー自身の作とはいいがたいともいわれています。

Lesson 2

1 左手で伴奏だけを弾きます。Aの段は伴奏型①を、Bの段は伴奏型②を使い、それぞれ小節数に応じて弾きましょう。

2 メロディーをつくります。Aの段は**ド・レ・ミ・ファ・ソ**の5つの音を使い、Bの段は**ソ・ラ・シ・ド・レ**の5つの音を使って弾きます。Lesson 2-**1** で学習した伴奏に合わせて、自由にメロディーを即興演奏できるようになるまで、繰り返し練習しましょう。メロディーをつくる際はリズムが平坦にならないように気をつけてください。

伴奏型

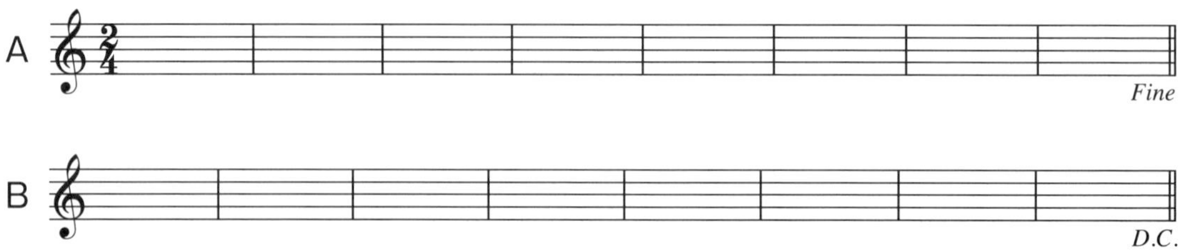

Lesson 3

〈指定音による即興〉－１－

「ド」の音でじゃんけんぽん

２人で、鍵盤の**ド**の音だけを使って、「じゃんけん」のリズム ♩♩ を弾きます。「ぽん」のところは２人でグー、チョキ、パーのいずれかを出し、実際にじゃんけんをします。

例

（ドの音の高さは自由）

勝った人は、**ド**の音だけを使って喜びを表現しましょう。負けた人も**ド**の音だけを使ってくやしさを（悲しさ）を表現しましょう。音の高さや強さ、リズムは自由です。あいこのときは、間を空けずに ♩♩♩𝄽 を「あいこでしょ」と行います。

Example

Lesson ２-**２** を完成させた例です。

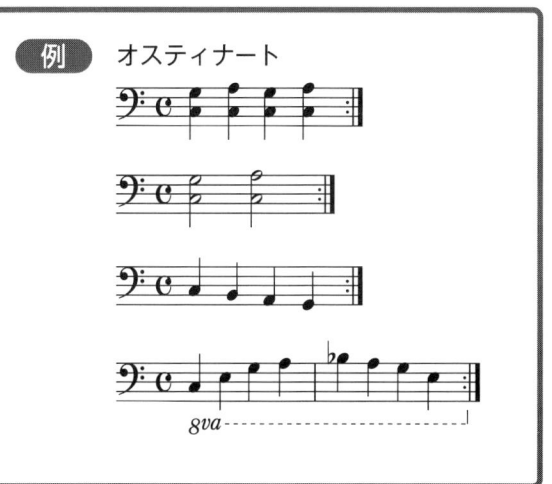

Point! 三部形式、オスティナート

三部形式は３つの部分からなる形式で、ABAの図式で表され、Aを提示とすればBは対照であり、最後のAは再現となります。音楽構成の原則である、対照と統一とがこの形式に最もよく表されています。この形式が確立されたのは、長い歴史を経て18世紀後半であると考えられています。

オスティナート（固執反復、執拗反復）とは、ある一定の音型を同一声部、同一音高で執拗に繰り返す作曲技法やその音型のことをいいます（例参照）。

例 オスティナート

STEP 2 マーチ

Lesson 1

1 次の４小節からなるテーマを繰り返し弾き、メロディーにあった伴奏型を考えてみましょう。右に**マーチ**で使われる伴奏型の例を示します。参考にしてください。

伴奏型

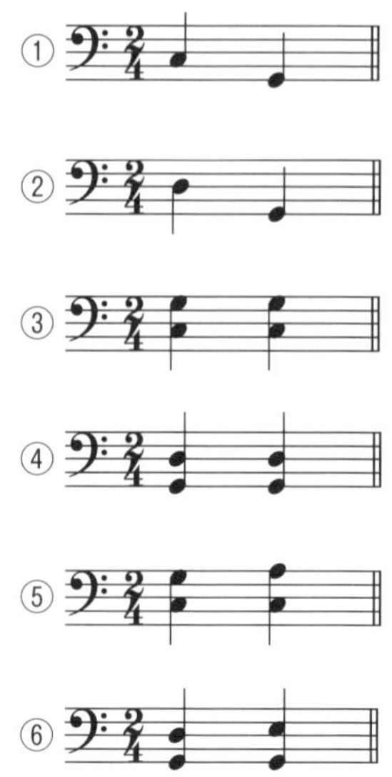

2 テーマの続きをつくり、メロディーを完成させましょう。前半８小節のＡは、先に示されているテーマをａとして、a+a′またはa+bのどちらかの形にします。後半８小節のＢは、Ａをa+a′とした場合はb+b′かb+cの形になります。Ａをa+bとした場合はc+c′かc+dになります。

Ａ（a+a′）＋Ｂ（b+b′）　　　　Ａ（a+b）＋Ｂ（c+c′）
　　　　　　　　　　　または
Ａ（a+a′）＋Ｂ（b+c）　　　　Ａ（a+b）＋Ｂ（c+d）

ＡとＢは、メロディーとリズム、伴奏音を変えてください。右に示した伴奏型の中からメロディーに合うものを選びます（Ａの中だけでも２つの違う伴奏型を選ぶこともできます）。伴奏は軽快に、決して重くならないように弾きましょう。

Lesson 2

〈指定音による即興〉－２－

「熱帯魚たち」

ド・レ・ミ・♯ファ・♯ソの５つの音を使って、熱帯魚が海の中を泳いでいる様子を表現します。演奏する鍵盤の音の高さを変えたり、緩急をつけて弾くことで、魚がゆっくり泳いだり、すばやく泳ぐなどのさまざまな表現ができます。

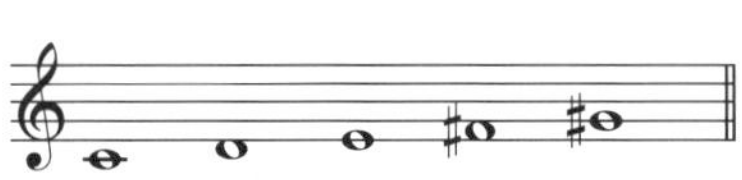

Example Lesson 1を完成させた例です。

Point! マーチ

マーチ（March）は、行進の伴奏音楽または行進のありさまを描写する音楽です。歩行の性質上、２拍子または４拍子からなり、はっきりとしたリズムをもつ楽曲です。

軍隊行進曲のように規則的な隊列行進に実用化され、吹奏楽用に作曲されたものが最も多く、他にも儀礼的な用途のための行進曲、たとえば戴冠式行進曲や凱旋行進曲、結婚行進曲、祝典行進曲、葬送行進曲などがあり、その行進の目的によって、楽曲の速度はそれぞれに異なっています。

また、純芸術用につくられる管弦楽曲やピアノ曲も多く、なかでもモーツァルトやベートーヴェンのピアノ曲として知られる『トルコ行進曲』が有名です。

STEP 3 ワルツ

Lesson 1

1 Aの部分のメロディーの続きをつくります。先に示されている4小節をaとし、aのイメージを大切にして次の4小節a′を続けます。また、右の伴奏型①と②を使って伴奏もつけましょう。

2 Bの部分は伴奏型③を使って伴奏を弾きながら、メロディーを即興的につくります。何度も即興演奏することによって、次第に自分の気に入ったメロディーができあがっていくでしょう。

伴奏型

Lesson 2

〈指定音による即興〉－3－

「クマとネズミの会話」

クマは **♭レ・♭ミ・ファ**を、ネズミは**ソ・ラ・シ**を使って、クマとネズミが2匹で会話をしている様子を表現します。また、クマがのんびりと動く様子やネズミがこまやかに走り回る様子などを、音の高さや速さを工夫して表現しましょう。

クマ

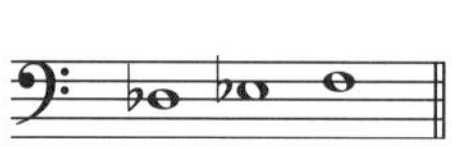

ネズミ

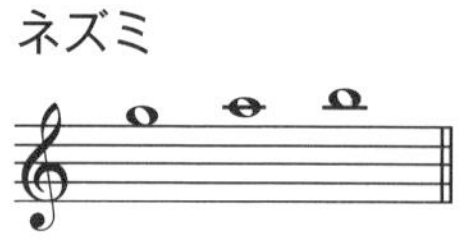

例 ク　マ：「おなかがすいて動けないよ」
ネズミ：「この森の奥にハチミツがたくさんあるよ。
いっしょに食べに行こうよ」

Example　Lesson 1を完成させた例です。

Point! ワルツ

ワルツ（Waltz）は、1770～1780年代にドイツに起こり、Wälzen（回る、回転する）を語源とするといわれています。また、この頃にオーストリアやバイエルン地方ではいろいろな名前のワルツに類似した舞踊も起こりました。これらを総称的にドイツ舞曲と呼んでいます。19世紀に入るとヨハン・シュトラウス父子によって大成されたウィンナ・ワルツが流行し、またフランスにも独自のワルツが生まれました。

今日でも最もポピュラーな3拍子の踊りとして、男女が抱き合うように組になり、波状に浮き沈みする重心移動と旋回をともないながら、滑るようにステップを踏みます。ワルツは大衆的でステップが比較的自由ですが、同じ3拍子でも、宮廷舞踊であり貴族的で形式ばったメヌエットとは対照的です。

シュトラウスに代表される、踊りのための実用的な作品のほかに、演奏会用のワルツも数多く作曲されています。代表的な作曲家としてショパン、リスト、ブラームス、チャイコフスキー、ラヴェルなどがあげられます。

STEP 4 みどりいろの翼

Lesson 1

1 次のメロディーを歌いながら弾きます。**アウフタクト**のリズムに注意してください。

2 右の伴奏型を参考にして伴奏をつけます。8分の6拍子の曲では ♩. を拍として、2拍子（6/8 ♪♪♪ ♪♪♪）の揺れを感じながら演奏しましょう。メロディーの中で1拍目に**導音**（ハ長調の**シ**の音）がくる7小節目（※）は伴奏型③を使用するのは避けます（P.77 の Point 参照）。

伴奏型

『みどりいろの翼』

スイス民謡

Lesson 2

1 次のメロディーを歌いながらリズムを手で打ちます。メロディーが空白の部分は楽譜下に示されたリズムを打ちます。

2 メロディーを弾き、空白の部分はメロディーを考えながらリズムを手で打ちます。次に空白の部分を即興的に弾いてメロディーを完成させましょう。

3 メロディーづくりに慣れたら、Lesson 1の伴奏型を用いて伴奏をつけます。メロディーと伴奏のリズムが乱れないように注意しましょう。

〈黒鍵による即興〉－4－

Lesson 3

「風に流れる雲」

黒鍵のみを使って、雲の流れる様子を表現します（P.16 の STEP 4 スペースを参照）。最初はダンパーペダルを踏んだままにし、打鍵は指だけでなく手のひらや腕も使ってみましょう。雲は、大きいものや小さいものが風の強さによってちぎれたり、ゆるやかに流れたりする様子を想像し、速さや強さを考えて表現しましょう。

Example　Lesson 2を完成させた例です。

Point!　アウフタクト

アウフタクト（Auftakt）とは、指揮棒を下に向けて打ちおろす強拍（下拍）に対する弱拍（上拍）のことです。とくに旋律の冒頭において最初の強拍に達する以前の部分を指します。メロディーや曲が弱拍から始まることを弱起といい、強拍（1拍目）から始まることを強起といいます。

例　弱起の例

『ほたるの光』　スコットランド民謡

『アルルの女』より
ファランドール　G. ビゼー作曲

『アルルの女』より
王の行進　G. ビゼー作曲

『五木の子守歌』　熊本県民謡

上の例にもあるように、アウフタクトの部分の音価は楽曲によってさまざまで、『五木の子守歌』のように1拍目の後半から始まる弱起も存在します。ただし多くの場合、下例のように最後の拍から始まる楽曲が一般的です。

例　『交響曲第1番』　J. ブラームス作曲

Scene 3 簡易伴奏〈実践編〉

STEP 5　草原のマーチ

Lesson 1

1 次のメロディーを歌いながら弾きます。スラーやスタッカートの**アーティキュレーション**に注意して、ゆっくり練習しましょう。

2 右の伴奏型を参考にして伴奏をつけます。アーティキュレーションが複雑なメロディーなので、伴奏のリズムやテンポが乱れないように何度も繰り返し練習しましょう。

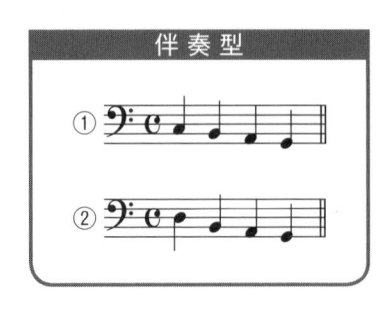

伴奏型

①

②

『草原のマーチ』

アメリカ民謡

Lesson 2

1 次の３つのリズムフレーズを手で打ちます。どれもリズムは同じですが、アーティキュレーションが違います。自分なりにアーティキュレーションを工夫して、①〜③を打ち分けてみましょう。

2 ①のリズムフレーズにメロディーをつけ、何度も繰り返し弾いてメロディーを覚えます。次に、覚えたメロディーを②と③のアーティキュレーションに変えて弾いてみましょう。

3 Lesson 1の伴奏型を用いて伴奏をつけます。

①
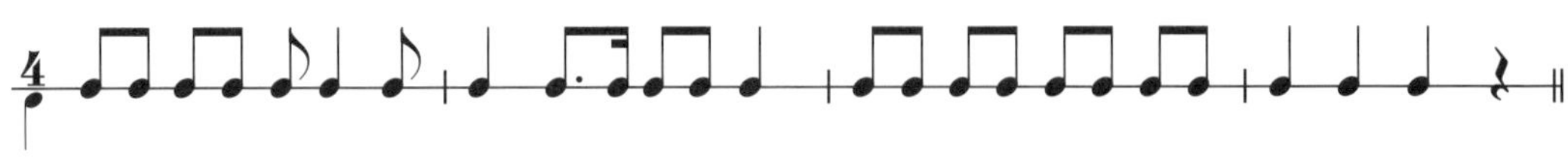

②

③

Lesson 3

〈自由な即興〉－５－

「マーチ」

Lesson 1の伴奏型を使って「マーチ」という題で即興演奏を行います。子どもが行進している様子を表現してみましょう。Exampleを参考にして何度も弾いて、イメージをつくり上げてください。

Example

Lesson 2を完成させた例です。

Point! アーティキュレーション

アーティキュレーション（Articulation）とは、各音の切り方または次の音との続け方のことです。フレージング（フレーズの区切り）がいわば文章の句読法にあたるとすれば、アーティキュレーションはさらに分節化されたものです。次の音との間がとぎれないようになめらかに続けるか、発音時間を短く切りつめてその分だけ次の音との間をあけるか、あるいはその中間段階を採るかはアーティキュレーションで決まります。

アーティキュレーションの段階の選び方、組み合わせ方によって、演奏方法が変わることが多く、曲想も大きく変化してきます。ベートーヴェンのピアノ曲『エリーゼのために』で例を示してみましょう。①は作曲者自身の表現で、この曲にもっともふさわしいアーティキュレーションです。②はすべてスタッカートで軽く、③は少しおどけた感じ、④は人を騙しているような拍子に聴こえます。

アーティキュレーションに用いられる記号や用語には次のようなものがあります。

例

①

②

③

④

用語	（読み方）	意味
legatissimo	（レガーティッシモ）	とくになめらかに
staccatissimo	（スタッカティッシモ）	とくに短く、鋭く
legato	（レガート）	なめらかにつないで
staccato	（スタッカート）	音を短く切って
mezzo staccato	（メッゾ・スタッカート）	スタッカートとレガートの中間
tenuto	（テヌート）	音の長さを十分に保って
slur	（スラー）	高さの異なる音をむすぶ弧線。レガートに演奏する。

STEP 6 ローモンド湖

Lesson 1

1 次のメロディーを歌いながら弾きます。アウフタクトとフレーズに気をつけましょう。

2 右の伴奏型を参考にして伴奏をつけます。この曲は、スコットランドの中西部にあるLoch Lomondという湖を歌ったものです。情緒豊かに、ややゆっくりとしたテンポで弾きましょう。最後の小節は伴奏型③で弾いたほうが終止がはっきりしてよいでしょう。

伴奏型

『ローモンド湖』　スコットランド民謡

Lesson 2

右の伴奏型は、Lesson 1の伴奏型のリズムを八分音符に変化させたものです。これを使って『ローモンド湖』の伴奏づけをします。また、自分でも伴奏を考えて演奏してみましょう。

伴奏型

Lesson 3

〈絵による即興〉－6－

下の絵を見て感じたままを、黒鍵や白鍵を自由に使い、腕・ひじ・手のひら・指などで表現します（Scene 1・STEP 7～8参照）。絵はどの方向から見てもかまいません。

Example　Lesson 1-❷を完成させた例です。

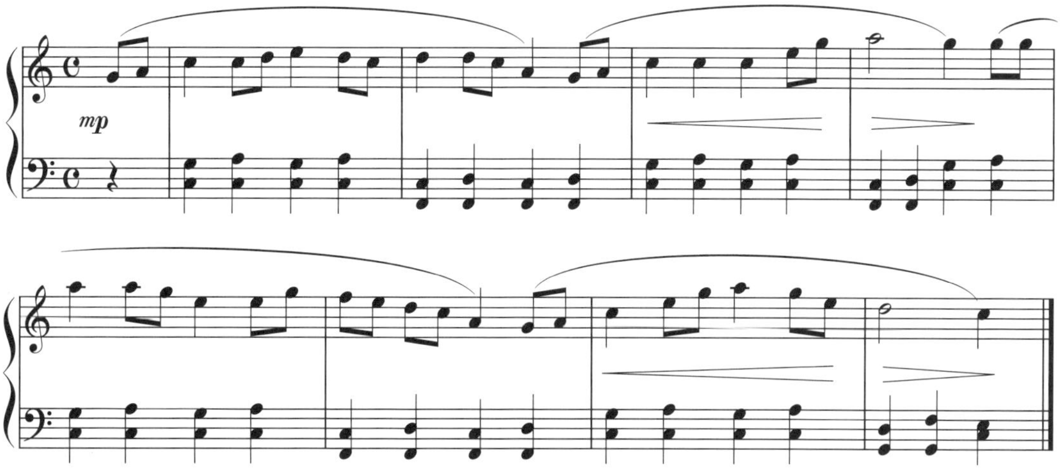

Point! 和音

高さの違う2つ以上の音が同時に響く場合の合成音を和音といいます。

調的和声法では、3つの音が3度ずつ積み重ねられてつくられる3和音が基本的な和音と考えられており、2音だけの場合でも3和音のどれか1音が省略された形とみなされます。

和音には、この3度の積み重ねをなす音の数により3音による**3和音**、4音による**4和音**、5音による**5和音**などがあります。4和音はこれを形成する両端の音が7度音程であることから「7の和音」と呼ばれています。また、5和音は同じ理由から「9の和音」と呼ばれますが、11度まで積み重ねた「11の和音」や「13の和音」に対しては6和音、7和音という呼び方はしません。

なお、調的和声法の原理に支配される以前の音楽や、これが崩壊しはじめた19世紀後半以降の音楽では、3度の積み重ねによる和音以外に4度の積み重ねによる**4度和音**、5度の積み重ねによる**5度和音**なども用いられています。

例　ハ長調の場合

3和音

4和音（＝7の和音）

5和音（＝9の和音）

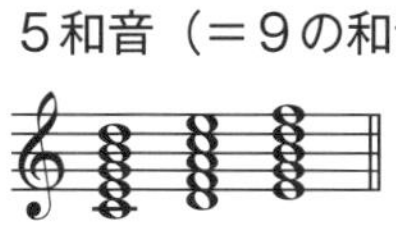

4度和音

5度和音

STEP 7 わかれⅠ

Lesson 1

1 次のメロディーを歌います。Aの部分は ♩ ♩ のリズムを、Bの部分は 𝅝 のリズムを手で打ちながら歌いましょう。ただし、アウフタクトのところは打ちません。

2 メロディーを右手で弾きます。このとき Lesson 1 - **1** で行ったリズムを左手でひざ打ちします。

3 左手で伴奏を弾きます。Aの部分は伴奏型①を、Bの部分は伴奏型②を使います。とくにAの部分では、1小節の中で2種類の伴奏型を使うところがあるので注意してください。

伴奏型

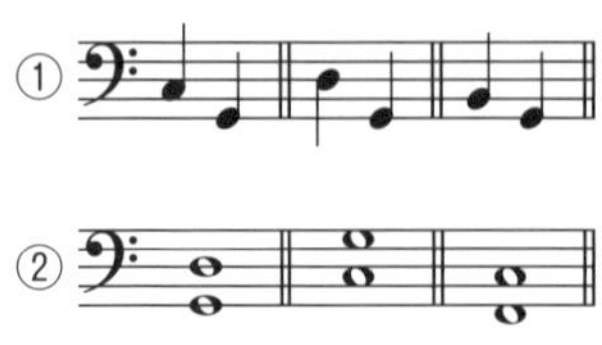

『わかれ』　　　　ドイツ民謡

Lesson 2

A～Cの3つのモチーフを、それぞれ一部形式の曲として完成させます。何度も繰り返し練習し、いろいろなメロディーを即興的につくりましょう。また、**派生音**も使用してみてください。

〈指定音による即興〉－７－

Lesson 3 「ワルツ」

右の伴奏型を使って左手でオスティナート伴奏をし、右手で鍵盤上の変ホ音（♭ミ）を自由に弾いて、ワルツを踊っている様子を表現します。単音による表現なのでリズム、速さ、強弱を工夫してください。たとえば、右手は同じ高さの音を何度も弾くのではなく、例のようにいろいろな高さを上手に使いましょう。

伴奏型

例

Example

Lesson 2を完成させた例です。

A

B

C

Point! 幹音と派生音

幹音とは、ハ長調の音階を構成する音です。また、幹音に半音階的変化を与えることによって生じる音を派生音といいます。

幹　音

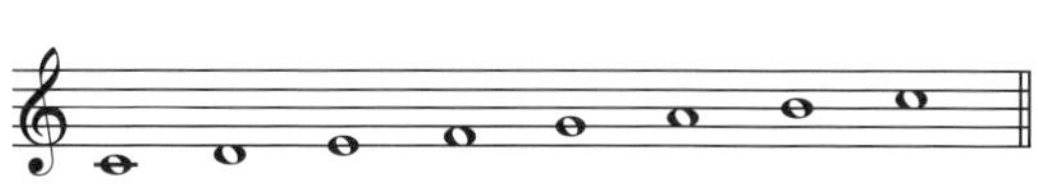

例

派生音

Scene 3 簡易伴奏〈実践編〉

STEP 8 かわいいオーガスチン

Lesson 1

1 次のメロディーを弾きます。スラー、スタッカートなどによるアーティキュレーションに気をつけてください。

2 右の伴奏型を参考にして左手で伴奏をつけます。 のリズムに気をつけて、正確に弾きましょう。

伴奏型

『かわいいオーガスチン』

ドイツ民謡

Lesson 2

1『メリーさんの羊』を２拍子に縮小記譜したものです。アーティキュレーションに注意しながら伴奏をつけて弾きましょう。

2『メリーさんの羊』をヘ長調、ト長調に移調*して演奏します。各調の伴奏はExampleを参照してください。慣れないうちは、メロディーと伴奏を別々に練習するなど、各自で工夫してください。

伴奏型

＊移調… 楽曲の形を変えずにそっくりそのまま別の調に移すこと（P.39 のPointも参考に）。

『メリーさんの羊』

アメリカ民謡

Lesson 3

〈旋法を用いた即興〉－８－

左手は伴奏型①を繰り返し演奏し、終止部に伴奏型②を使います。右手は下の旋法を用います。白鍵のみを使ってメロディーをつくり、**ラ**の音で終止させましょう。このメロディーづくりに使った旋法は、中世教会音楽の音階で「エオリア旋法」といいます（旋法についてはScene 7で学びます）。

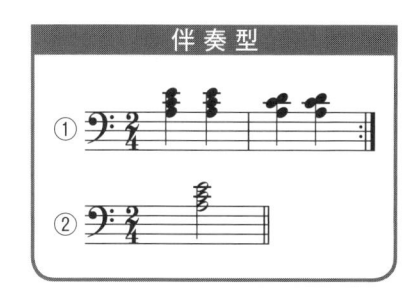

伴奏型

エオリア旋法

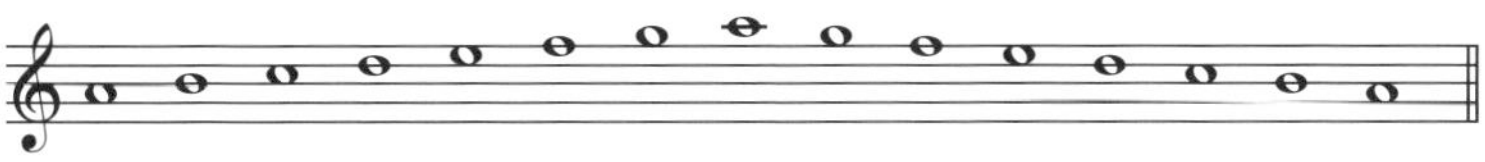

Example

Lesson 2-**2** を完成させた例です。

各調における伴奏

へ長調

ト長調

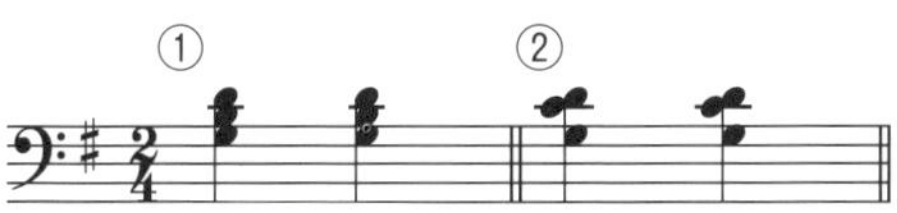

ト長調の例

Lesson 3を完成させた例です。

Point! 三和音

根音をもとにして、その上に3度の音（第3音）と5度の音（第5音）をもつ和音、つまり3度を2回積み重ねた3つの音からなる和音を三和音といいます（右記参照）。三和音には、根音からみた第3音と第5音の性質によって以下の4種類があります。

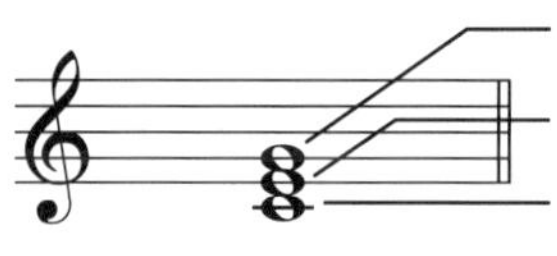

長三和音（長3度と完全5度）
短三和音（短3度と完全5度）
増三和音（長3度と増5度）
減三和音（短3度と減5度）

長三和音

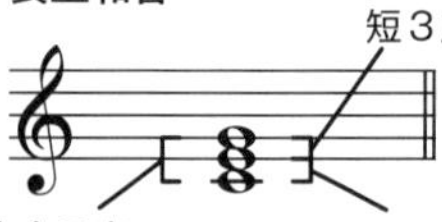

短三和音

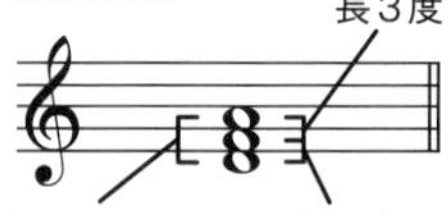

増三和音

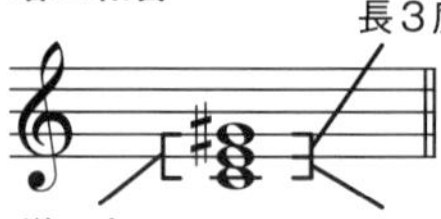

減三和音

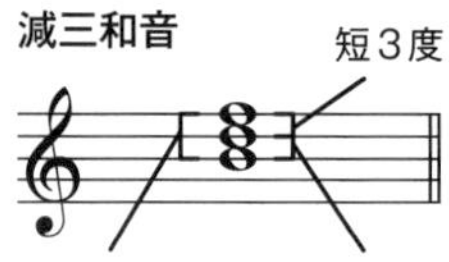

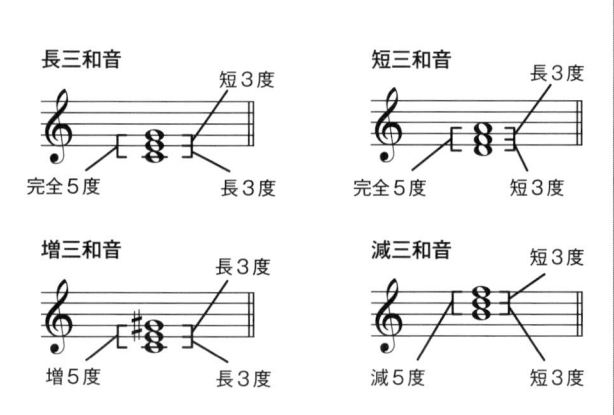

ハ調長音階の上に三和音を構成すると例のようになります。ある特定の調の音階をなす音を根音としたとき、7個の三和音ができます。これらをその調の固有和音と呼びます。

各和音にはローマ数字によって**和音記号**が示されています（P.83のPoint参照）。たとえばⅠは音階の第1音を根音とする三和音を意味しており、「1度の和音」といいます。ただし、同じⅠの和音記号でも調が変われば和音を構成する音も変わるため、用いる際は調名を示す必要があります。

例 ハ長調

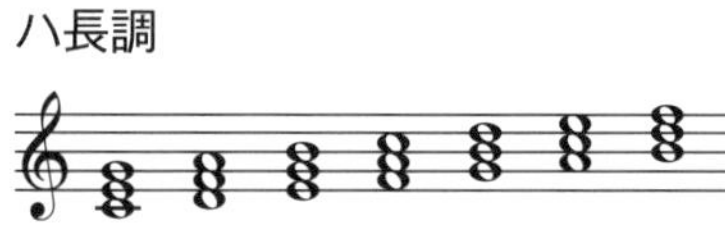

Ⅰ	Ⅱ	Ⅲ	Ⅳ	Ⅴ	Ⅵ	Ⅶ
長三和音	短三和音	短三和音	長三和音	長三和音	短三和音	減三和音

STEP 9 シューベルトの子守歌

Lesson 1

1 次の曲はA (a + a′) + B (b + a′) の二部形式からなるメロディーです。わが子を寝かせる母親の気持ちになって、静かにゆっくりと、心を込めて弾いてください。

2 右の伴奏型はアルベルティ・バスと呼ばれる分散和音*の一種です。伴奏型を参考にして左手で伴奏をつけます。7・8小節と15・16小節は、伴奏音に工夫が必要です。メロディーの響きをよく聴いて、考えてみましょう。

＊分散和音…和音を構成する各音を同時ではなく、順次1音ずつ弾くこと。

伴奏型

『子守歌』

F.P. シューベルト作曲

Lesson 2

1 次のメロディーを弾きます。空白の部分は拍子打ちをしましょう。

2 A (a + a′) + B (b + a′) の二部形式になるようにメロディーの続きをつくります。この形式の場合、同じメロディーになるところがいくつかあるので、その点に注意してつくりましょう。

3 メロディーが完成したら、右の伴奏型を参考にして伴奏をつけます。伴奏に工夫が必要な小節がありますので考えてみましょう。

伴奏型

Lesson 3

〈自由な即興〉－９－

「ハイキング」

右の物語を読み、自由な即興演奏を行います。Scene 1で使った記号を参考にしてグラフィック・スコアを書いてみましょう。スコアが完成したら、げんこつ・手のひら・腕・指・ひじ等を使って演奏します。

ジャックは、山へハイキングにでかけました。もう少しで頂上、というときに急に雲行きがあやしくなり、空が真っ黒になりました。大粒の雨が降ってきたかと思うと雷が大きな音をたてて鳴り始めたので、ジャックは、あわてて岩陰に身を伏せました。すると、その瞬間に近くの大木に雷が落ちました。

Example

Lesson 2-❸を完成させた例です。

Point! 主要三和音／トニック＆ドミナント

〈主要三和音〉

Ⅰ ～ Ⅶ の和音のうち、重要な機能をもつⅠ、Ⅳ、Ⅴの和音を主要三和音といいます。またⅤの和音は根音から短７度上の音を加えて属七の和音（V_7）としてよく使われます。

例 ハ長調

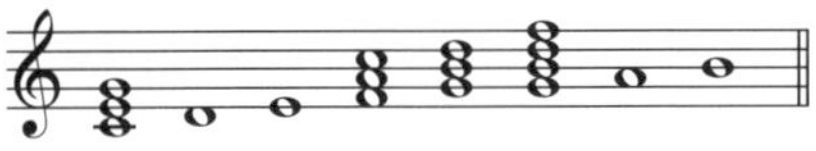

主和音（Ⅰ）　下属和音（Ⅳ）　属和音（Ⅴ）　属七の和音（V_7）

■主要三和音の機能

Ⅰの和音　：主和音。その調の中で最も安定感がある和音で、和音進行の中心となる。終止和音となることが多い。

Ⅳの和音　：下属和音。Ⅰの和音へ進もうとする性質があるが、$\mathrm{V}_{(7)}$の和音ほど強くはない。

$\mathrm{V}_{(7)}$の和音：属和音。最も強くⅠの和音へ進もうとする性質がある。よって$\mathrm{V}_{(7)}$→Ⅰの進行は非常に安定感のある終止となる。

〈トニック＆ドミナント〉

主要三和音に代表される和音の機能を、トニック（tonic）、ドミナント（dominant）、サブドミナント（subdominant、P.79 の Point 参照）と呼びます。

トニックは音階または楽曲の中心音で、調性を決定するうえで最も主要な役割をもつ音（主音）、およびその音を根音とするⅠの和音のことです。

ドミナントとは、主音から５度上の音（属音）のことですが、とくに属和音（Ⅴの和音）を指していいます。属和音はその調の属音を根音とする三和音で、属七の和音（V_7）や属九の和音（V_9）も含まれます（例参照）。

それぞれの和音がもつ特徴から、トニックは安定していて終止感を持つのに対して、ドミナントは不安定であるが活動的で、トニックへ進行しようという性質を持っています。

例 T = tonic　D = dominant

ハ長調

T（Ⅰ）

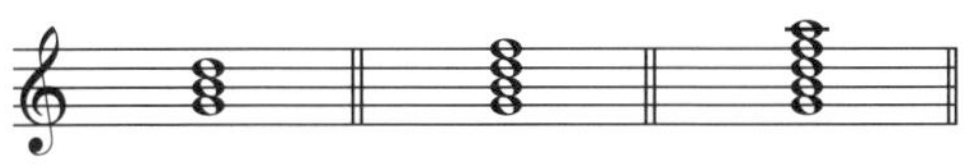

D（Ⅴ　D7 V_7　D9 V_9）

イ短調

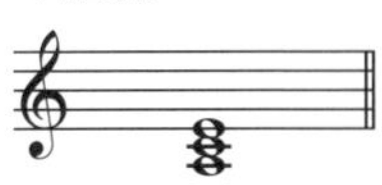

T（Ⅰ）

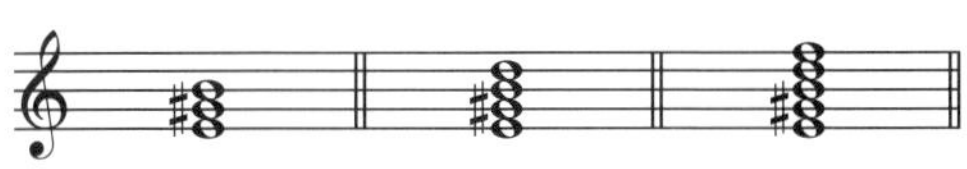

D（Ⅴ　D7 V_7　D9 V_9）

STEP 10 アビニョンの橋の上で

Lesson 1

1 左手で四分音符（♩）を打ちながら、右手で『アビニョンの橋の上で』のメロディーのリズムを打ちます。次に左手を八分音符（♪）に変えて打ちます。

2 左手で伴奏のリズムを打ちながら、メロディーを弾きます。

3 右の伴奏型を参考にして左手で伴奏を弾きます。**導音重複**に気をつけてください。また、8小節目は伴奏型④で終止させます。

伴奏型

① 

② 

③ 

④ 

『アビニョンの橋の上で』　フランス民謡

Lesson 2

1 今までに勉強してきた伴奏型を自由に使って、『ちょうちょ』に伴奏をつけましょう。

2 いろいろな伴奏で弾けるようになったら、『ちょうちょ』をニ長調、ホ長調、ヘ長調、ト長調に移調してみましょう。はじめはメロディーと伴奏を別々に練習してから、両手を合わせて弾きます。

『ちょうちょ』　スペイン民謡

Lesson 3

〈指定音による即興〉 − 10 −

「ひよこのかけっこ」

ひよこがかけっこしているところを表現します。伴奏型を参考にして左手はオスティナート伴奏をし、右手は高音部の**ド**、**レ**、**ミ**の音だけを使って弾きます。ひよこがヨチヨチ歩く様子、チョンチョン跳ねている様子、チョコチョコ走っている様子を想像しながら、テンポ、強弱、メロディーのリズムを工夫しましょう。

伴奏型

例

Example Lesson 2-❷のホ長調の伴奏例です。

Point! 主音と導音

音階の第１番目の音を主音、第７番目の音を導音といいます。主音はその調と調名を決定するために最も重要な音で、特殊な場合を除いて楽曲の終止に用いられます。導音は次の音へ導く働きをする音で、次の音へ進んではじめて安定感を得る音です。つまり導音そのものは不安定で緊張を内包する音で、主音へ進んではじめて安定します。

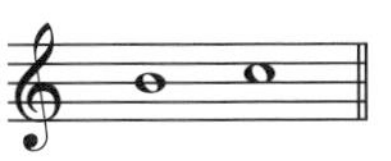

導音→主音

導音にはこのような性質があるために、伴奏における低音（Bass）とメロディーとの関係において、次の和声学上の法則が重要です。すなわち、バスとソプラノに導音を重複させることは避けなければなりません。これは、導音が重複するとその音がほかの音よりも目立ちすぎて、和音の響きがよく調和しないためです。

例 導音重複

間違い例

正しい例

Scene 3 簡易伴奏〈実践編〉

STEP 11 春 風

Lesson 1

1 強弱記号に気をつけて、ニュアンスを大切にしながら『春風』のメロディーを歌います。同様に右手でメロディーを弾いてください。

2 右の伴奏型を参考にして、左手で伴奏を弾いてください。なお、このSTEPから**サブドミナント**の伴奏（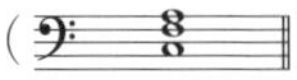）が加わります。音の感じをよく捉えて、響きを大切に表現しましょう。

伴奏型

『春風』（原題：『主人は冷たい土の中に』）

C. フォスター作曲

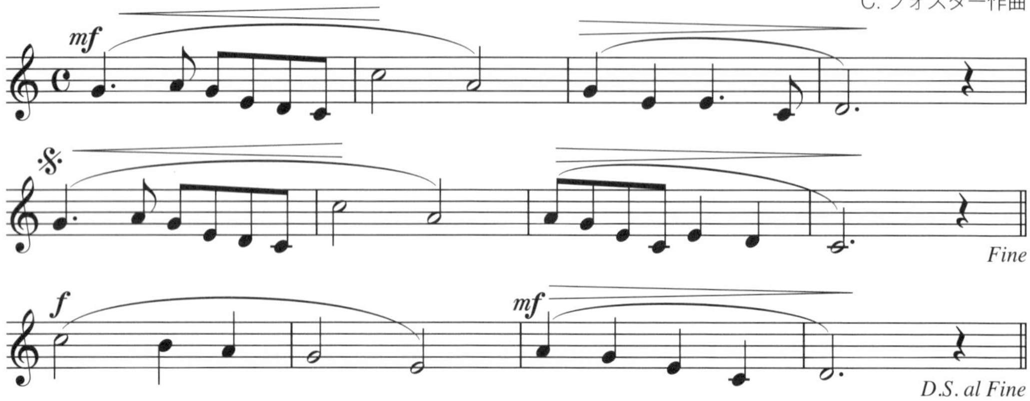

Lesson 2

Lesson 1のメロディーを8分の6拍子に変えて弾きます。伴奏は下の伴奏型を参考にしてください。4分の4拍子を8分の6拍子に変えるということは、♩♩♩♩ を ♩. ♩. にすることです。
4/4 ♩. ♪♫♫ を8分の6拍子で弾くと例のような変奏が考えられます。このほかにも自分でいろいろな変奏を試してください。

伴奏型

例 メロディーの変形

基本の形

●リズムだけを変えた場合

●リズムと音を変えた場合

〈自由な即興〉－11－

Lesson 3 「火」

「火」というテーマで物語を創作して、自由に演奏しましょう。
物語は、ことばや絵を用いるとイメージがつかみやすくなります。たとえば、花火、たき火、火事、キャンプファイヤー、ロウソクなど。情景を的確に描写するために、指・手のひら・げんこつ・指の背・ひじ・腕をうまく使ってください。ダンパーペダルも必要に応じて使用してください。

例　「線香花火」：強弱の変化をつける　*pp* ＜ *ff* ＞ *pp*

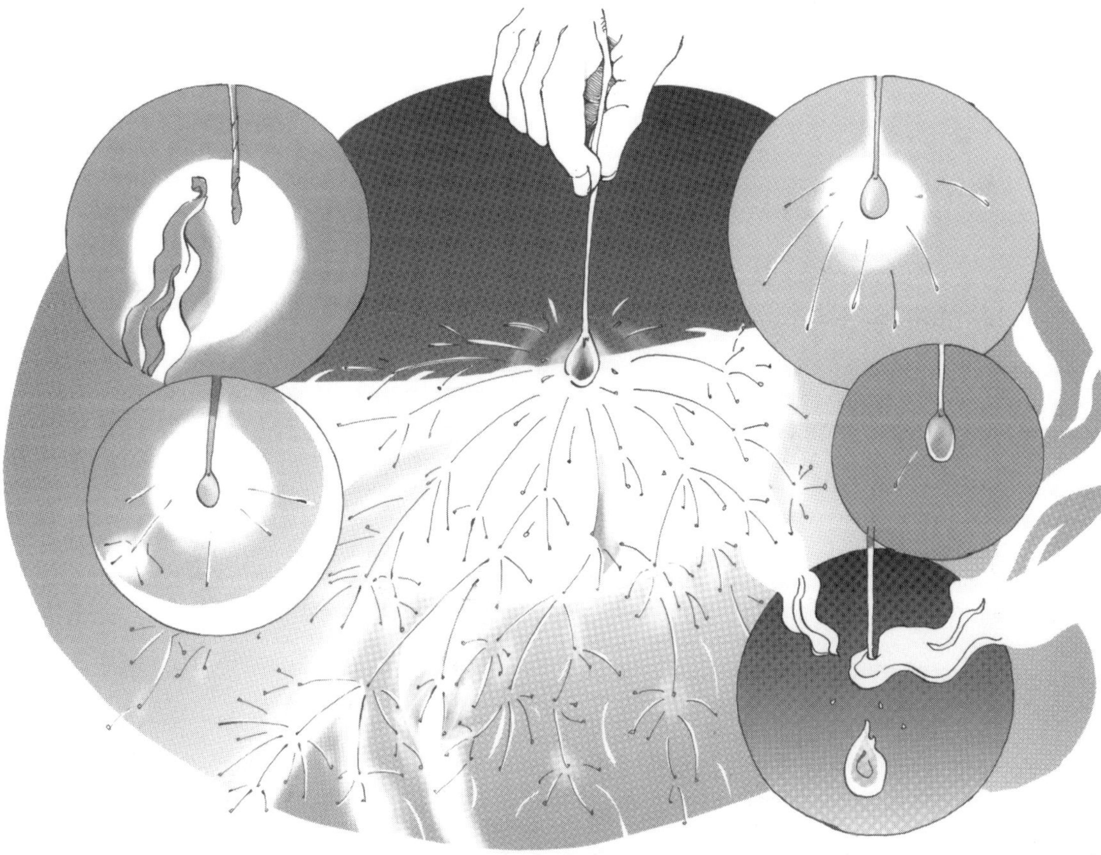

Point! サブドミナント

サブドミナント（subdominant）とは、主音から4度上の音（下属音）を根音とするⅣの和音（下属和音）のことです。トニックは安定、ドミナントは緊張・活動的であるのに対し、サブドミナントは広がりと不安定な感じを内包した和音です。通常、Ⅳ→Ⅴ→ⅠやⅠ→Ⅳ→Ⅰという進行をとることが多く、トニックへの解決を求める性質があります。Ⅳ→Ⅰへの進行は讃美歌の最後に使われるため、「アーメン終止」ともいわれています（P.75のPointにあるトニック&ドミナントも参照）。

例　S = subdominant

ハ長調

S（Ⅳ）

イ短調

S（Ⅳ）

STEP 12 聖　夜

Lesson 1

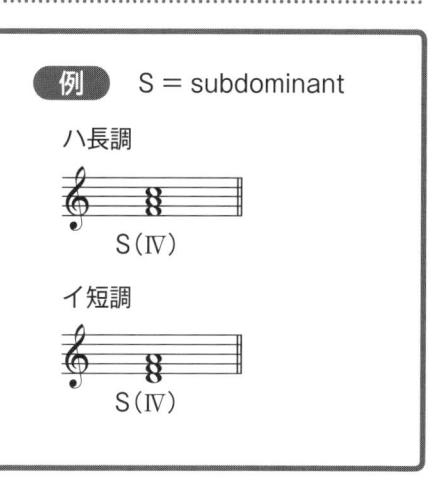

1 ♩. ♩. のリズムで指揮（2拍子と同じ振り方）をしながら、メロディーを歌います。***p***、***mp***、***mf***、***f***、＞の記号に気をつけて、“豊かな表現”を心掛けながら歌いましょう。

2 メロディーを弾きます。このとき、伴奏の和音の“響き”を心の中でイメージしておきましょう。

3 イメージ・トレーニングが十分にできたら、伴奏をつけます。

4『聖夜』の原曲は変ロ長調（）です。ハ長調で弾けるようになったら、変ロ長調に移調して弾いてみましょう。

伴奏型

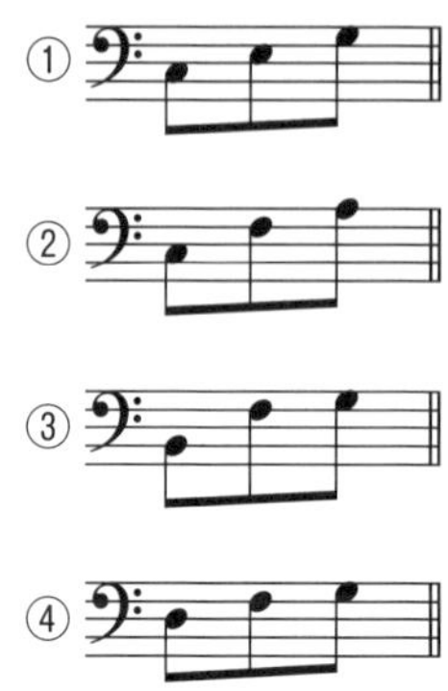

『聖夜』

F. グルーバー作曲

Lesson 2

1 次の２曲の与えられたモチーフを発展させて、４小節のメロディーを即興的に歌ったり弾いたりします。いろいろと試して何度も練習しましょう。整ったメロディーにするために、例に示した形式を参考につくってみてください。

2 Lesson 1の伴奏型を使って、完成したメロディーに伴奏をつけます。このとき、導音重複に気をつけてください。

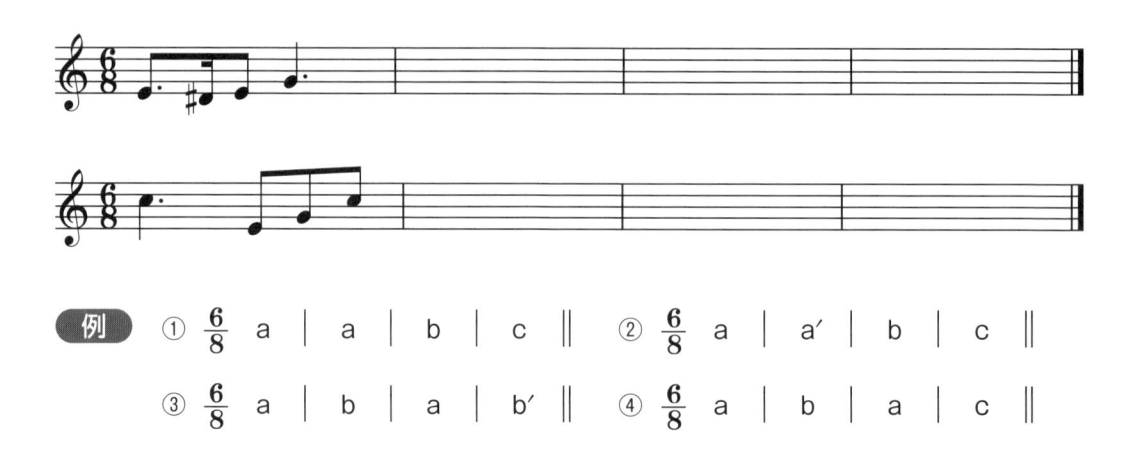

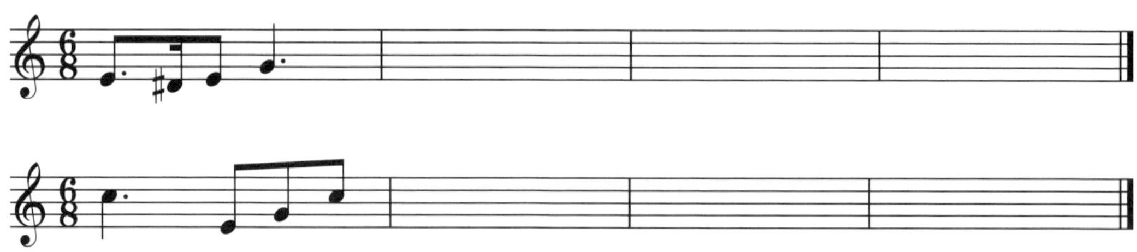

例

① $\frac{6}{8}$ a | a | b | c ‖　② $\frac{6}{8}$ a | a′ | b | c ‖

③ $\frac{6}{8}$ a | b | a | b′ ‖　④ $\frac{6}{8}$ a | b | a | c ‖

Lesson 3

〈自由な即興〉－12－

「しゃぼん玉」

「しゃぼん玉」というテーマで即興演奏します。しゃぼん玉が空中に浮かんでいる様子を、ダンパーペダルを踏み、例に示したいろいろな高さの３度離れた２つの音を用いて表現しましょう。音の長さは自由に考えてください。しゃぼん玉が割れるときはダンパーペダルから足を離して、短２度で短くスタッカートで弾きましょう。

例

Example

Lesson 2-**1** を完成させた例です。

Point! 民謡

民謡とは、民衆の中で生まれ、歌い継がれてきた歌を指します。つまり民族音楽の一部であり、その中心的な多くの部分を占めています。民族音楽一般の中でも、とくに民謡はその民族の音楽性の基本的な部分が端的に現れていると考えられています。

芸術音楽に比べると、時代様式や作者の個性などの影響や制約が比較的少なく、その表現法も単純なので、その音楽の民族的性格がそのままの形で現れやすく、歴史的変化も緩やかです。

民謡は芸術音楽の発展の基盤としても重要な位置を占めています。たとえばイタリアでは、その基盤の上にオペラの伝統が発展し、ロシアでは多声的な民謡を基盤として豊かな合唱音楽が発展しました。アメリカのジャズも黒人たちの民謡を基盤として、ヨーロッパ系の音楽技法や楽器などを吸収して独自の芸術的なスタイルが完成しました。

STEP 1 かっこう

Lesson 1

1 I-V-I の**カデンツ**（P.85 の Point 参照）を繰り返し弾きましょう。

2 右のリズム型①～⑥を使って、カデンツを弾きましょう。ただし、1小節ごとに和音を変えて弾きます（例参照）。

リズム型

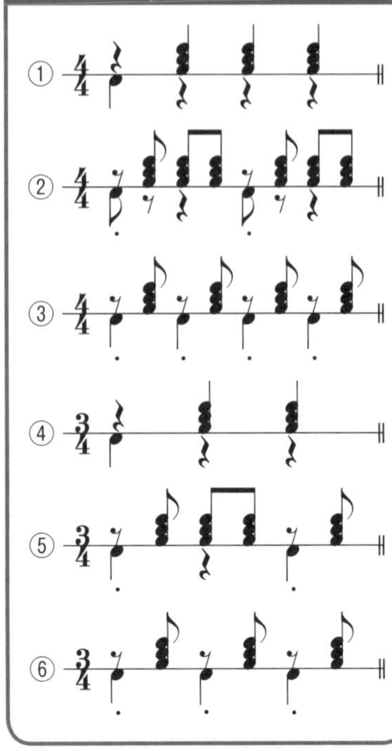

カデンツ　I-V-I

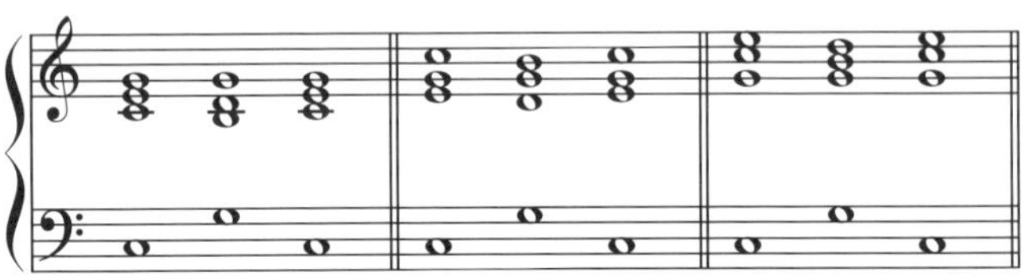

I　V　I　I　V　I　I　V　I

例　リズム型①で弾く場合

Lesson 2

1『かっこう』のメロディーを階名唱し、ピアノで弾きます。

2 Lesson 1で行った和音の響きを考えて、メロディーの下に和音記号（I、V）を記入しましょう。

3 記入した和音記号に従って、カデンツを弾きながらメロディーを歌います。和音のリズムをいろいろ工夫して弾いてみましょう。

『かっこう』　ドイツ民謡

例

Lesson 3

〈指定音による即興〉 − 13 −

「ロボットの行進」

鍵盤の**ソ**の音を使って、「ロボットの行進」を表現します。おもちゃのロボットの動きを想像して、P.32 の Lesson 3のようにさまざまな音の高さやリズムで弾いてみましょう。鍵盤のやや高音部で演奏したほうが表現が豊かになるでしょう。

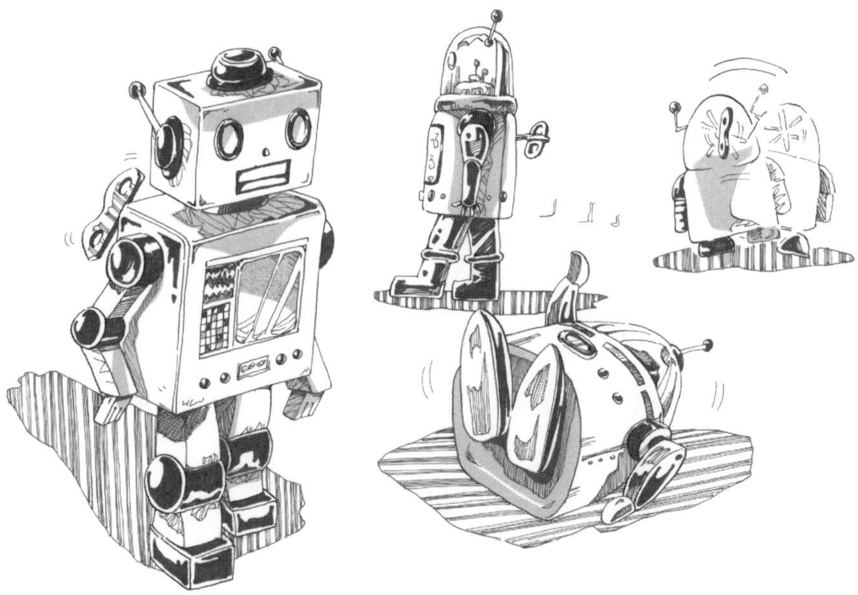

Point! 和音記号

和音記号は、和音の種類、位置、機能などを文字や数字によって表すものです。17 ~ 18 世紀中頃には、低音の音符の上、または下に数字を記して、そこに置かれる和音を表示したものが盛んに用いられました。

例

（和声具体化：アインシュタイン）

『コンチェルト・グロッソ』　A. コレッリ作曲

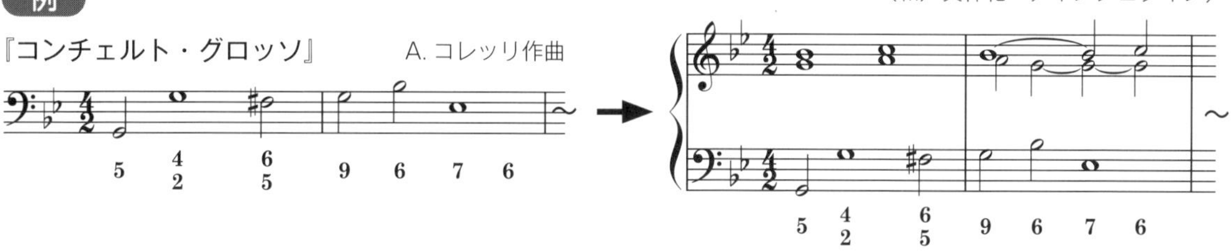

19 世紀に入って G. ウェーバー（1779 ~ 1839）が、和音と音階中の度数によってローマ数字で表すことを提案しました。これによれば、アルファベットの大文字は長調を、小文字は短調を表します。ローマ数字の大文字は長三和音を、小文字は短三和音を、また増三和音は大文字に＋を付加し、減三和音は小文字に○印を添えて示します。

例

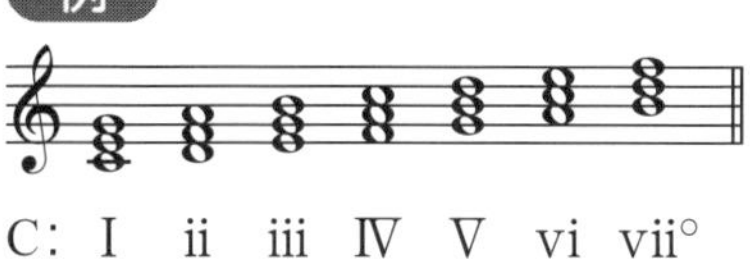

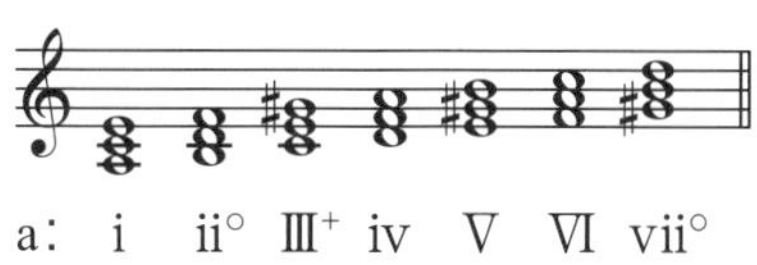

また、機能符標として T（トニック）、D（ドミナント）、S（サブドミナント）の文字を用いて和音の機能を表す方法もあります（P.75、P.79 の Point 参照）。また、現在ではコード・ネーム（P.142 からの Scene6 を参照）もよく用いられています。

例

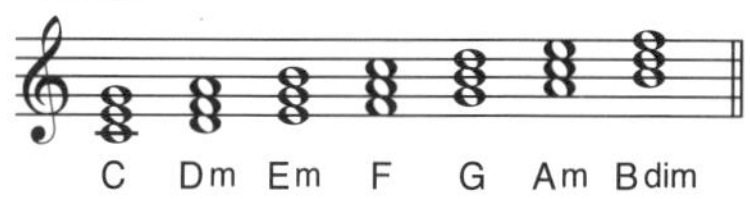

STEP 2 ブラームスの子守歌

Lesson 1

1 I-Ⅳ-Ⅴ-I のカデンツを繰り返し弾きましょう。I－Ⅴと比べ、I-Ⅳ-Ⅴ で弾いたときの音の広がりの違いを十分に感じ取ってください。

2 ３種類のリズム型で、カデンツを弾いてみましょう（例参照)。

カデンツ　I-Ⅳ-Ⅴ-I

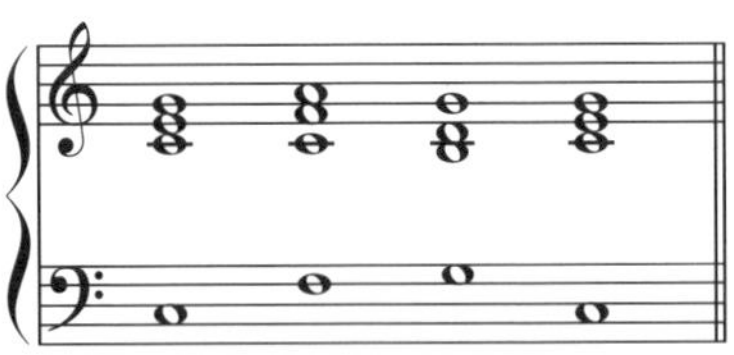

I　Ⅳ　Ⅴ　I

例

Lesson 2

1『子守歌』のメロディーを階名唱して、ピアノで弾きます。

2 Lesson １で行った和音の響きを考えて、メロディーの下に和音記号（I、Ⅳ、Ⅴ）を記入しましょう。和音記号は１小節に１つつけます。

3 記入した和音記号に従って演奏し、メロディーを歌います（例参照)。また、和音のリズムをいろいろ工夫して弾いてみましょう。

『子守歌』　J. ブラームス作曲

例

歌

ピアノ

Lesson 3 〈自由な即興〉－ 14 －
「すべり台」

「すべり台」というテーマで、長２度･短２度（P.39 の Point 参照）、グリッサンドを使って表現します。階段を登るところは両手の人差し指と中指で、長２度か短２度を左右交互に、あるいは同時に打鍵します。

登っていく感じを表すには、低音部から高音部へスタッカートで弾くとよいでしょう。すべって降りるところは、高音部から低音部へ向けてグリッサンドで表します。テンポや強弱もいろいろ工夫しましょう（たとえば、身体の大きな子ども、身体の小さな子ども、すべり台の途中で止まってしまう子どもなど）。

Point! カデンツ

カデンツ（Kadenz〈独〉）には大きく２つの意味があります。一つは器楽曲におけるコンチェルト（ピアノ協奏曲やヴァイオリン協奏曲など）の第１楽章、および終楽章における即興演奏の部分を指します。もう一つは**終止形**を意味します。

終止形とは楽曲、楽句などの終結部の旋律や和声の定型のことで、用いられる定型の種類によって一時的、あるいは完全な終結感がもたらされます。

あらゆる時代の音楽に多かれ少なかれこのような定型や類型が存在し、とくに 18 ～ 19 世紀に長調･短調の終止に関するさまざまな工夫がなされ、その種類も豊富になりました。今日、カデンツの名で呼ばれている終止形は、ほぼこの時代に確立されたものを指します。

なお、機能和声理論においては、T→D→T、T→S→D→T、T→S→T の３種類の機能的な和音進行をカデンツと呼びます（P.75、P.79 の Point 参照）。

Scene 4 主要三和音で伴奏をつける

STEP 3 大きな栗の木の下で

Lesson 1

1 I-Ⅳ-Ⅴ-I のカデンツを繰り返し弾きましょう。ここでは１つの和音の長さを、４拍や３拍などいろいろ変えて弾いてみてください。

2 右のリズム型①〜③を使って、カデンツを弾きましょう。

カデンツ　I-Ⅳ-Ⅴ-I

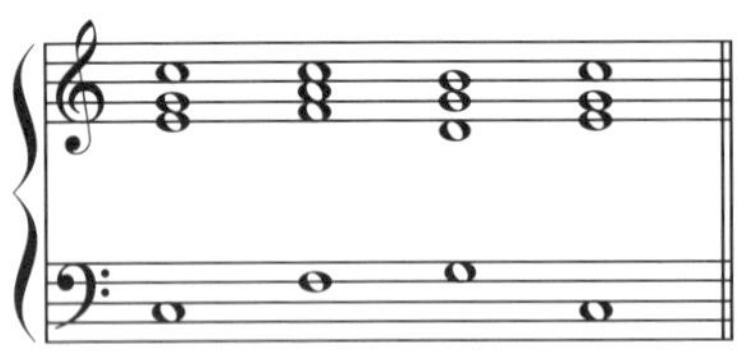

I　Ⅳ　Ⅴ　I

リズム型

Lesson 2

1『大きな栗の木の下で』のメロディーを歌いながら、ピアノで弾きます。

2 メロディーにふさわしい和音の響きを考えて、メロディーの下に和音記号を記入しましょう。ただし、9・10 小節目には I-I の和音をつけてください。記入した和音記号に従ってカデンツを弾きながら、メロディーを歌います（例参照）。カデンツのリズムをいろいろ工夫して弾きましょう。

『大きな栗の木の下で』

イギリス民謡

例

〈自由な即興〉 − 15 −

Lesson 3 「ゾウとアリのお散歩」

両手の人差し指と中指を使って、長２度、短２度だけで表現します。ゾウは左手で低音部を、アリは右手で高音部を弾きます。左右交互にあるいは同時に弾いて、表現の違いをしっかり出しましょう（演奏の仕方については、P.14からのScene 1 STEP 3〜5参照）。黒鍵と白鍵を区別する必要はありません。はじめに物語をつくってから、演奏するとよいでしょう。

Point! 和声音と非和声音①

和声音とは、旋律をつくっている音が和声構成音に含まれている場合を指し、それ以外の音を非和声音または和声外音といいます。

非和声音は２つの和声音の間に用いられ、和声音の属する和声に対して不協和音になります（協和音を構成する場合にもその機能上、仮象協和音、あるいは解釈上の不協和音と説明される場合もあります）。

非和声音の分類は一定ではありませんが、その現れ方と後続和声音への解決の仕方によって、通常は次のように分けられます。

①経過音、②刺繍音（補助音）、③倚音（転過音）、④掛留音、⑤先取音、⑥逸音（非和声音の詳述はP.89のPoint参照）。

例　和声音の例

op.20-1『ソナチネ』より　　F. クーラウ作曲

※右手の旋律はすべて和声の響きを構成している左手の伴奏に含まれている。この旋律の音を和声音という。

Scene 4 主要三和音で伴奏をつける

STEP 4 ジングルベル

Lesson 1

1 I-Ⅳ-Ⅴ-I のカデンツを繰り返し弾きましょう。STEP 2、3と同じカデンツですが、弾いたとき響きの違いを感じ取ってください。

2 右のリズム型①～③を使って、カデンツを弾きましょう。

カデンツ　I-Ⅳ-Ⅴ-I

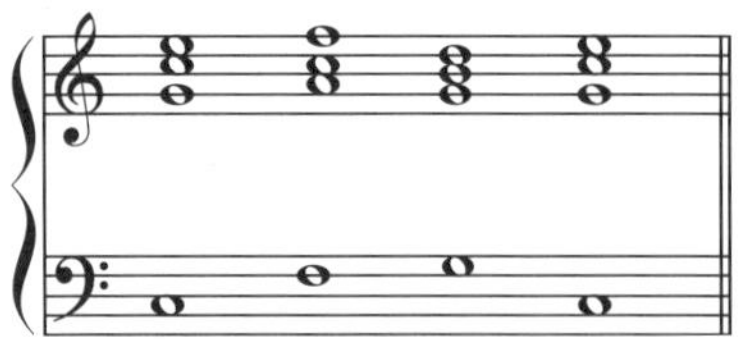

I　Ⅳ　Ⅴ　I

リズム型

Lesson 2

1『ジングルベル』のメロディーを歌いながら、ピアノで弾きます。

2 メロディーにふさわしい和音の響きを考えて、メロディーの下に和音記号を記入しましょう。1小節に1つの和音を入れていきますが、3小節目と11小節目には1つの小節にI-Ⅳ の和音をつけてください。

3 記入した和音記号に従ってカデンツを弾きながら、メロディーを歌います。伴奏のリズムをいろいろ工夫して弾きましょう（例参照）。そのあと、メロディーを心唱（声を出さずに心の中で歌うこと）しながら弾いてみましょう。

『ジングルベル』　　J. ピアポント作曲

例

Lesson 3

〈自由な即興〉－16－

「小人の行進」

「小人の行進」というテーマで、右の伴奏例を使って表現します。右手のメロディーは黒鍵だけを使います。音の響きよりも“小人”の雰囲気づくり

伴奏型

を大切にしてください。高音域を使用するほうがよいでしょう。また、伴奏型にある *8va** を忘れずに演奏してください。

＊ *8va*…楽譜上の ┈┈┈┐ で区切られた部分を１オクターブ上の音で演奏するという意味。 8┈┈┈┐ と記す場合もある。 *8va*┈┈┘ は１オクターブ下で演奏するという意味になり、*8va bassa*┈┈┘ または 8┈┈┈┘ とも記す。

Point! 非和声音②

一般的な分類に従うと、非和声音には次の６種類があります。

①経過音
２つの和声音の間を順次進行によってうめる音で、弱拍部または大きくみて弱拍とみなされる拍に現れ、短い音符であることが多い。

②刺繍音（補助音）
２つの同じ音の間にあって、上または下２度で旋律的に装飾する音。弱拍に用いられ、音符の音価は和声音と同じか、それ以下のものが普通である。

③倚音（転過音）
強拍または強拍とみなされる拍におかれ、和声音に向かって２度の進行により解決する。

④掛留音
前の和音中の１音、またはいくつかの音が次の和音中にまで延長され、そこに不協和音の緊張がつくられたのちにその和声音に解決するもの。掛留は強拍、または強拍とみなされる拍につくられ、その次の弱拍部において解決する。

⑤先取音
後続和音中の１音、またはいくつかの音が前の和音中の弱拍部に現れ、不協和音をつくるもの。

⑥逸音
弱拍部に現れ、２個の異なる和声音の間にあってその一方とだけ２度音程をなす。

例　※×印が非和声音

①

②
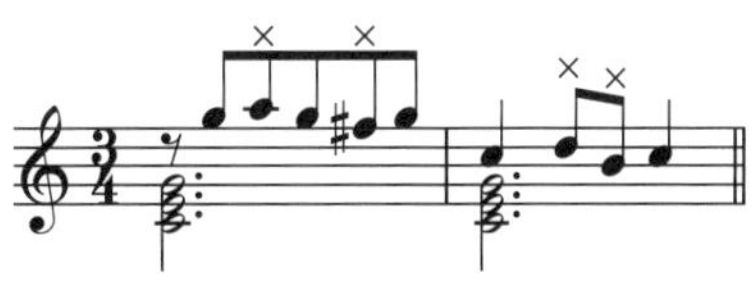

③

④
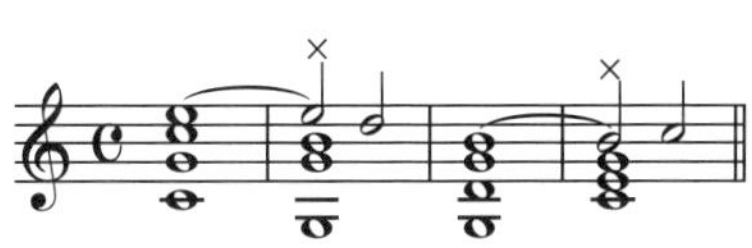

⑤

⑥

STEP 5 手をたたきましょう

Lesson 1

1 Ⅰ、Ⅳ、Ⅴ の和音を下のように工夫して弾きます。たとえば鍵盤の最も低い位置から高い位置まで一定のテンポで弾いたり、逆に高い位置から低いほうへ弾くなど、いろいろ考えて練習してください。

2 Lesson 1-**1** の和音をいろいろなリズム型で練習しましょう。たとえば分散型（P.73、P.78 の Lesson 1 参照）や、ラテンのリズム（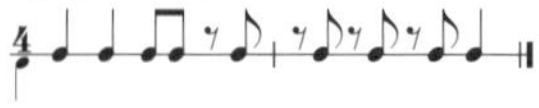）など工夫して弾いてみましょう。

3 STEP 2～4で弾いたカデンツを、同じように３つの型で工夫して弾いてください。また、いろいろなリズムでも練習してください。

カデンツ

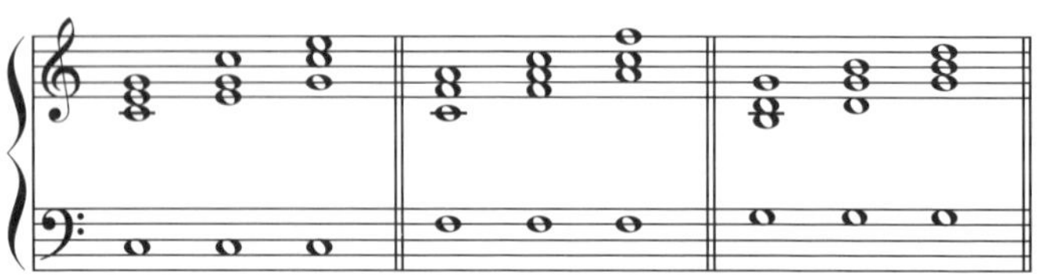

Ⅰ———　Ⅳ———　Ⅴ———

Lesson 2

1『手をたたきましょう』のメロディーを階名で心唱します。このとき１小節内に現れる音の種類に気をつけてください。たとえば、２小節目は**ミーミファソー**ですから、**ミ**と**ソ**が中心になります。そして、メロディーに合う和音はこの**ミ**と**ソ**を含む和音を考えてみると、**ドミソ**の和音、つまりⅠの和音ということになります。このようにすべての小節の和音を考えてください。

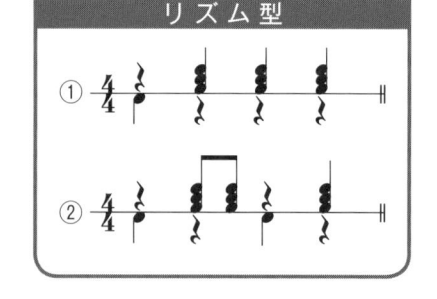

2 Lesson 2-**1** と同様の要領で和音を考えて、メロディーの下に和音記号を記入し、伴奏してみましょう。伴奏型はリズム型を参考にして工夫してください。最後の小節は２通りの終止の形が考えられます（例参照）。

リズム型

①

②

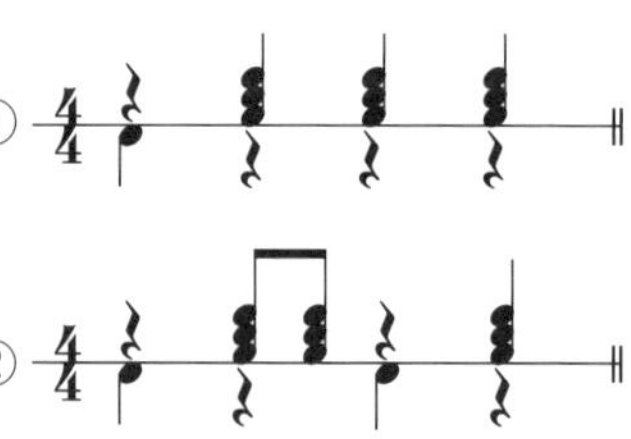

例 終止形

①

Ⅰ　Ⅰ　Ⅰ

②

Ⅰ　Ⅳ　Ⅰ

『手をたたきましょう』

作者不詳

Lesson 3

〈自由な即興〉 − 17 −

「自動車」

1「自動車」というテーマで、自由に即興演奏します。

2 伴奏型を参考にして、左手でオスティナート伴奏を弾きます。

3 メロディーはいろいろなテンポで弾き、その中にクラクションの音（長２度、短２度など、２つの音を同時に打鍵する）や、ブレーキの音（高音部を手のひらで打つ）などを入れてみましょう。また黒鍵、白鍵を自由に使い、調性（長調や短調）を意識せずに弾いてください。

伴奏型

オスティナート伴奏

Point! 共通音

共通音とは､2つの和音のうち同一声部にある同じ音のことです。三和音を連結する（連続して弾く）とき、例に示したように、共通音がある場合にはその音を保留（音を残す）し、４つの音（四声部）で和声をつくります。これは音のつり合いを保ち、和声の諸規則に反しない自然な進行にするためでもあります。

四声部のうち、ソプラノとバスを外声、アルトとテノールを内声といいます。また、バスに対して他の声部を上三声、ソプラノに対して下の声部を下三声と呼びます。

例 共通音の保留

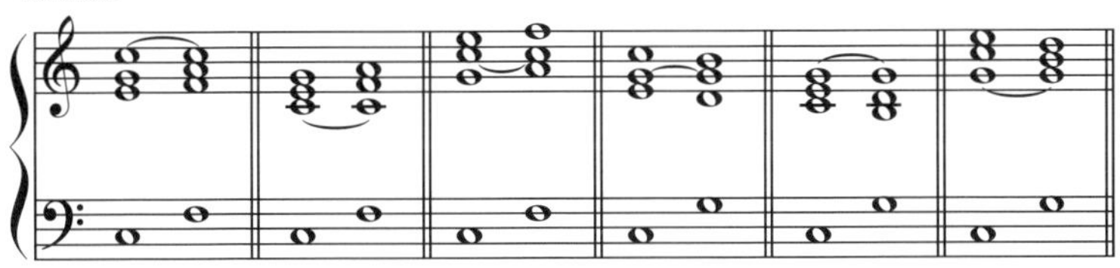

四声部

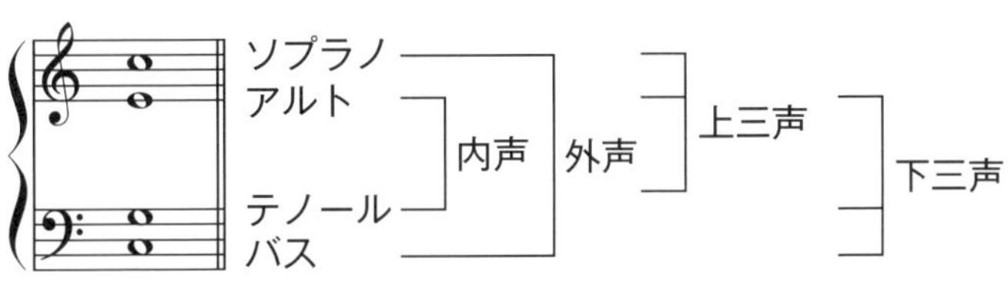

STEP 6 カドリーユ

Lesson 1

1 I－V_7－I のカデンツを弾きましょう。下のカデンツは①ハ長調（C dur）②ハ短調（c moll）です。全調に移調し、繰り返し練習しましょう。慣れてきたらリズムをつけていろいろと変奏してみましょう。

2 I と V_7 を用いたカデンツの即興演奏や、自由な即興演奏を行いましょう。

カデンツ　I－V_7－I

①

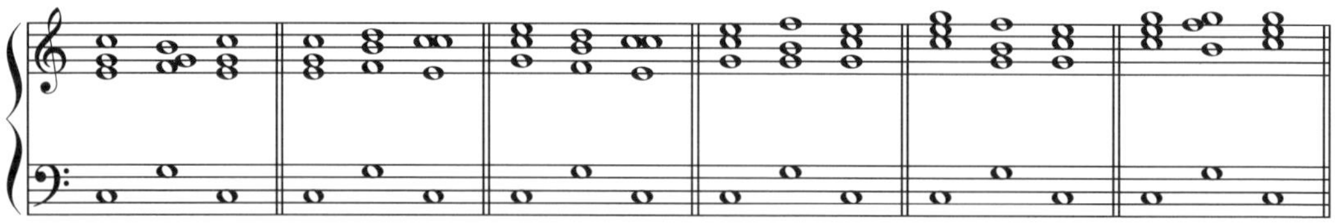

C: I　V_7　I

②

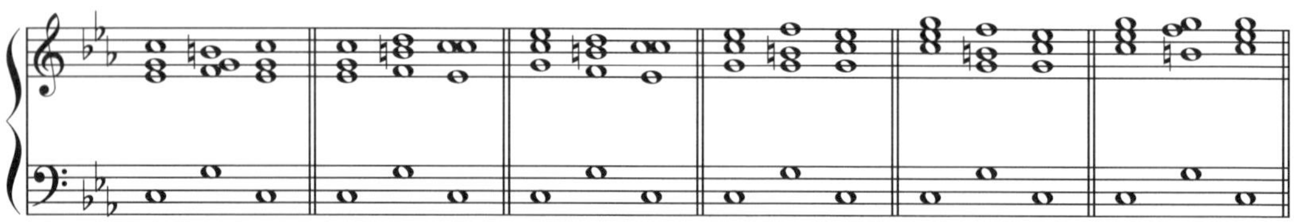

c: I　V_7　I

Lesson 2

1『カドリーユ』のメロディーの下に I と V_7 の和音記号を記入し、それに従って伴奏してみましょう。使う和音が指定されている箇所はその通りに弾いてください。伴奏型は自分で工夫してください。

2 オーストリア民謡のメロディーを歌いながら、I と V_7 の伴奏をつけます。ヘ長調で弾けるようになったら、全調に移調してみましょう。

『カドリーユ』

Con brio　　F.J.ハイドン作曲

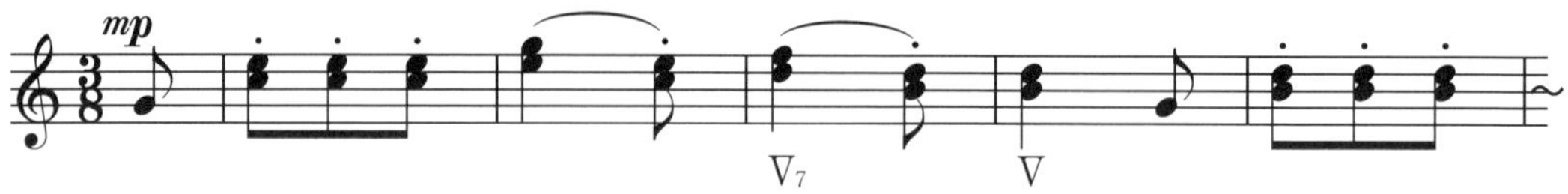

Moderato　　オーストリア民謡

Lesson 3

〈自由な即興〉 − 18 −

「コンロの上のやかん」

水がいっぱいに入っているやかんをコンロの火にかけている情景を思い浮かべてください。その水が次第に熱くなり、最後は沸騰してやかんのふたが持ち上がったり、注ぎ口から蒸気が勢いよく吹き出す様子などを黒鍵や白鍵を使い、手のひらや、げんこつ、指などで自由に表現してみましょう。強弱（クレッシェンド、ディミヌエンド）を上手に使うことが大切です。

Point! 上行と下行／属七の和音

〈上行と下行〉

同じ声部が次の音へ進行するとき、後の音が前の音よりも高い場合を**上行**、低い場合を**下行**といいます。

この上行進行の音程が２度のときを**順次進行**、3度以上を**跳躍進行**といいます。また、aやbに示したように二声部以上が進行するとき和声学で禁じられている進行があり、それらはできるだけ避けるべきです（声部についてはP.91のPointを参照）。ほかにもいろいろな禁止事項がありますが、必要なときにその都度Pointの中で取り上げていきます。

a　平行８度・平行１度……すべて禁止

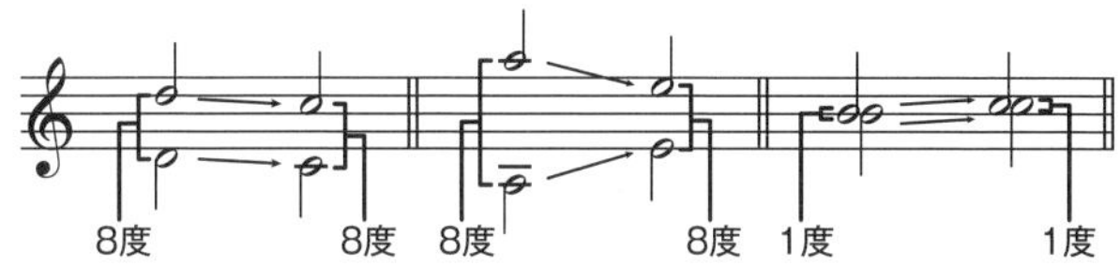

b　平行５度……５度音程から５度音程へ進行するとき、あとの音程が完全５度になるのは禁止

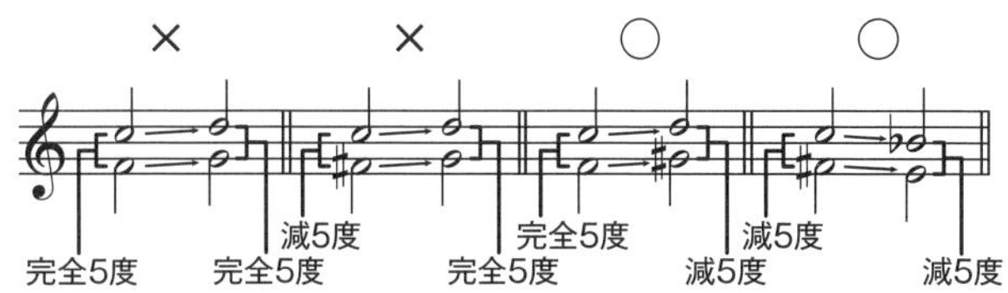

〈属七の和音〉

三和音の上に根音から数えて７度上の音を加えると、七の和音ができます。属七の和音とは、属和音（Ⅴの和音）に７度上の音が付加された和音で、七の和音の中でももっとも重要です。

Ⅰ ⟷ $Ⅴ_7$ の連結の場合、できる限り共通音（ハ長調では**ソ**）を残したほうがいいですが、Lesson1のカデンツのように、それ以外の方法も可能です。また、$Ⅴ_7$ → Ⅰの連結では、属七の第７音はⅠの第３音に解決し（例A）、第３音は根音に解決します（例B）。

さらに、Ⅳ → $Ⅴ_7$ の連結においては、平行５度を避けるため属七の第５音を省略します（例C）。

七の和音

例

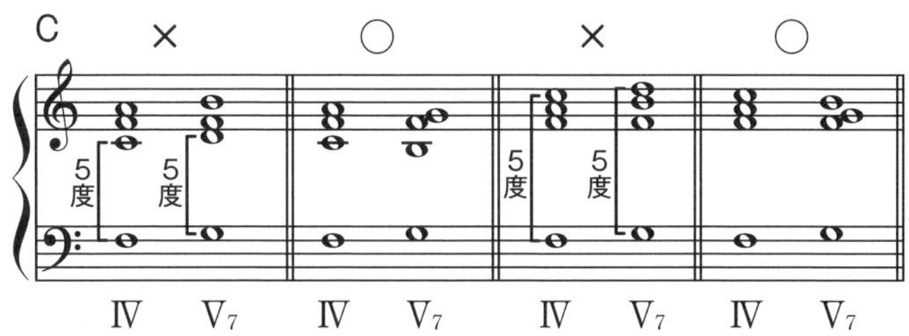

STEP 7 ドイツ舞曲

Lesson 1

1 I-V^1-I のカデンツを弾きましょう。下のカデンツは①ト長調（G dur）②ト短調（g moll）です。全調に移調し、慣れてきたらリズムをつけていろいろと変奏してみましょう。

2 I-V^1-I を用いたカデンツの即興演奏を行いましょう。その際に一番上の声部（ソプラノ）だけ違う音へ移していくと、いろいろなメロディーづくりができます。

カデンツ　I-V^1-I

①
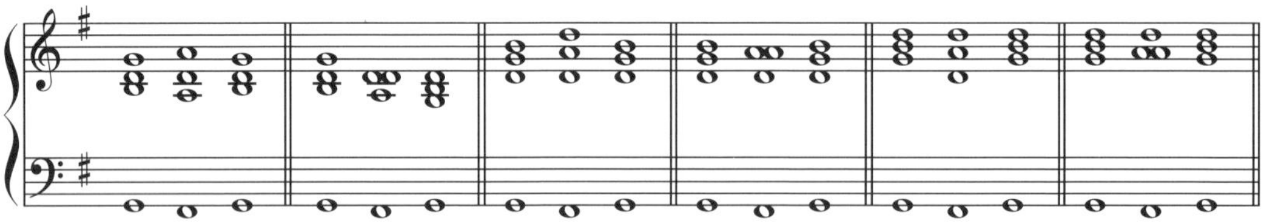

G:　I　V^1　I

②
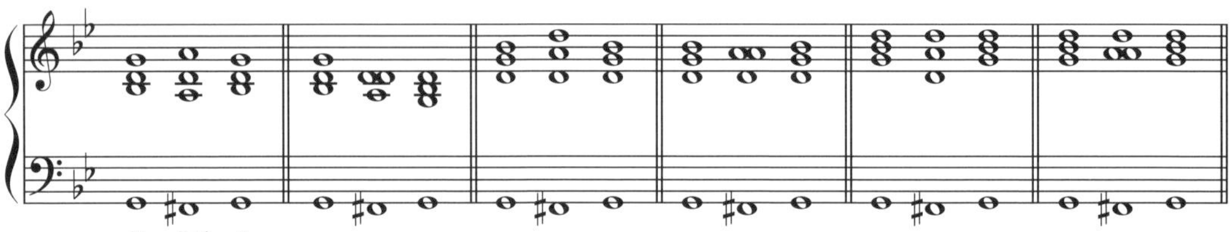

g:　I　V^1　I

Lesson 2

1『ドイツ舞曲』のメロディーの下に和音記号を記入し、それに従って伴奏してみましょう。使う和音が指定されている箇所はその通りに弾いてください。伴奏には I と V^1 を使います。伴奏型は自分で工夫してください。

2 イギリス民謡のメロディーを歌いながら、I と V^1 の伴奏をつけます。V^1 のところは V_7 でも可能です。へ長調で弾けるようになったら、全調に移調してみましょう。

『ドイツ舞曲』

F.J. ハイドン作曲

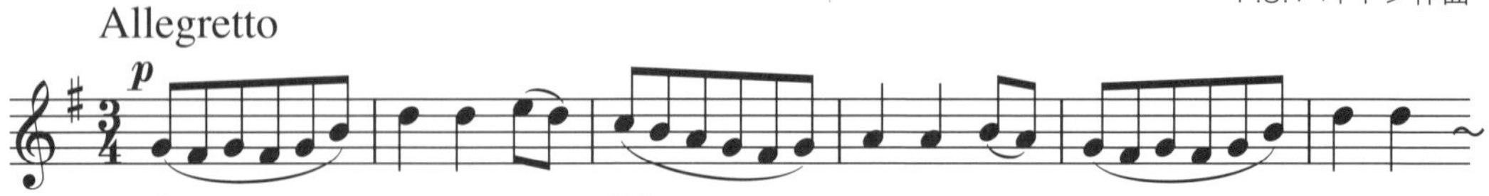

I　　V^1
（原曲は V）

イギリス民謡

V^1
（V_7）　　V_7

Lesson 3

〈自由な即興〉－19－

「忙しやのお買い物」

ちょこちょこと忙しく働いている人が、スーパーであれやこれやと買い物をしている姿（状態）を想像してください。その状態をLesson 2-**2** のメロディーを使い、表現してみましょう（伴奏型はExample参照）。メロディーは 1.、2. まで弾いたら、続きの8小節を自分で作り、また元のメロディーに戻ります。伴奏の和音は I、V^1、V_7 を上手に使ってください。

Example

Lesson 2-**2** を完成させた例です。

イギリス民謡

Point! 基本と転回／第一転回①

〈基本と転回〉

和音は、一定の構成音から成り立っているかぎり、それをどのように配列しても、どれも同じ種類の和音です。

上記譜例はすべて**ドミソ**の音で構成されているので、どれも I の和音となります。そして、和音の一番下の音（最低音）が根音なら「**基本位置**」、根音以外なら「**転回位置**」と呼びます。さらに「転回位置」には、**第一転回**（最低音が第3音）と**第二転回**（最低音が第5音）などがあり、これらの和音記号を本書では I^1（I 度の第一転回）、I^2（I 度の第二転回）とそれぞれ記します（その他の記し方はP.83のPoint参照）。

例

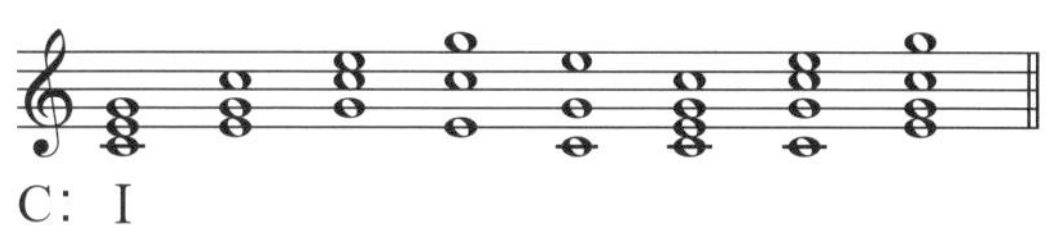

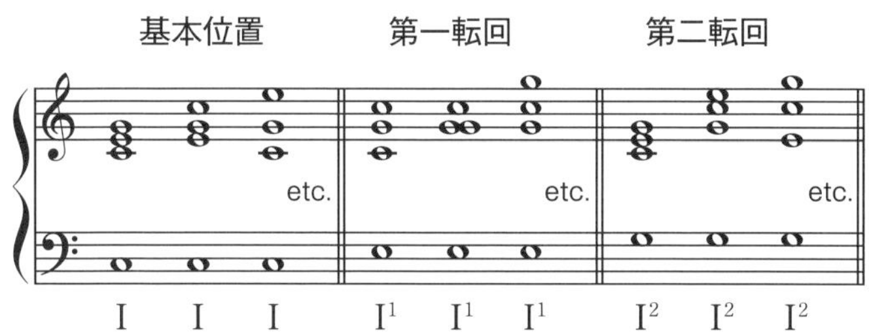

〈第一転回①〉

第一転回の和音では、一般的に上三声には第3音を含めないほうがよいとされます。ただし、II の和音の第一転回（P.125のPoint参照）や、そのほか（P.122のPoint参照）にも例外があります。下に示したように、V^1 は導音が第3音となるので、上三声に第3音を含めることは和声学上固く禁じられています。なお、根音と第5音については、どちらを重複してもかまいません。

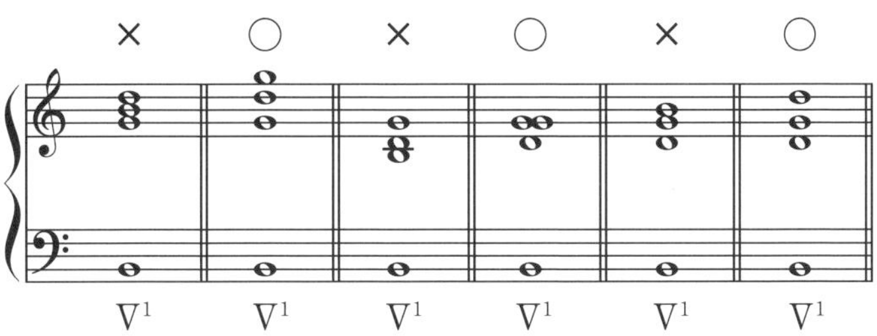

STEP 8 見よ、勇者は帰る

Lesson 1

1 I-I¹-Ⅳ-（Ⅴ）のカデンツを弾きましょう。下のカデンツは①へ長調（F dur）②へ短調（f moll）です。全調に移調し、慣れてきたら（Ⅴ）も必ず弾き、最後はＩに解決させましょう。

2 I¹を用いたカデンツの即興演奏や、自由な即興演奏を行いましょう。

カデンツ　I-I¹-Ⅳ-（Ⅴ）

①
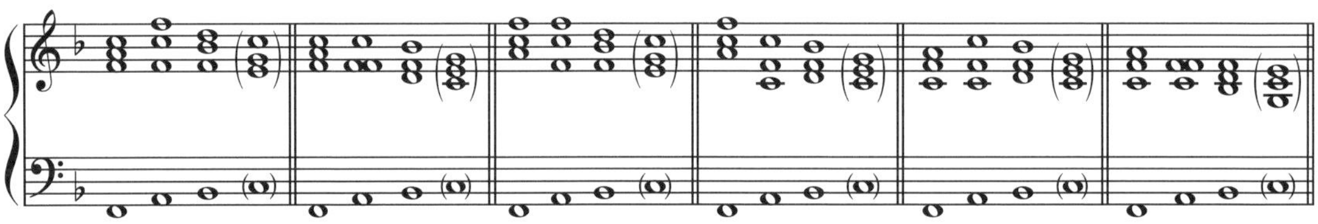

F:　I　I¹　Ⅳ（Ⅴ）

②
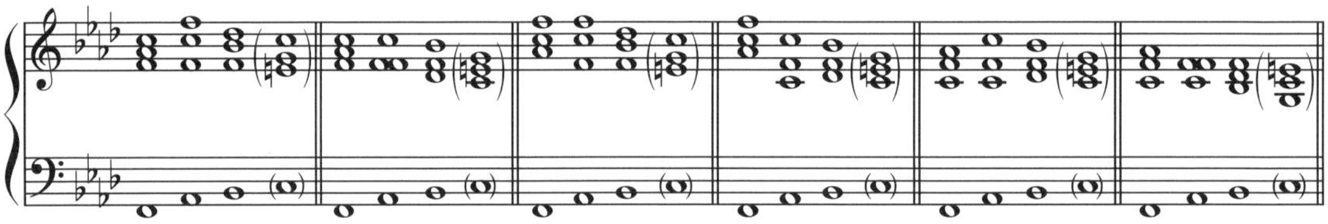

f:　I　I¹　Ⅳ（Ⅴ）

Lesson 2

1『見よ、勇者は帰る』のメロディーの下に和音記号を記入し、それに従って伴奏してみましょう。I¹を使う箇所が指定されているのでその通りに弾きましょう。

2『讃美歌 No.538』のメロディーを歌いながら I¹を使用できる箇所をさがし、伴奏をつけましょう。この曲には１音に対して１つの和音をつけます（つまり、カデンツのような弾き方になります）。へ長調で弾けるようになったら、全調に移調しましょう。

『見よ、勇者は帰る』より

G.F. ヘンデル作曲

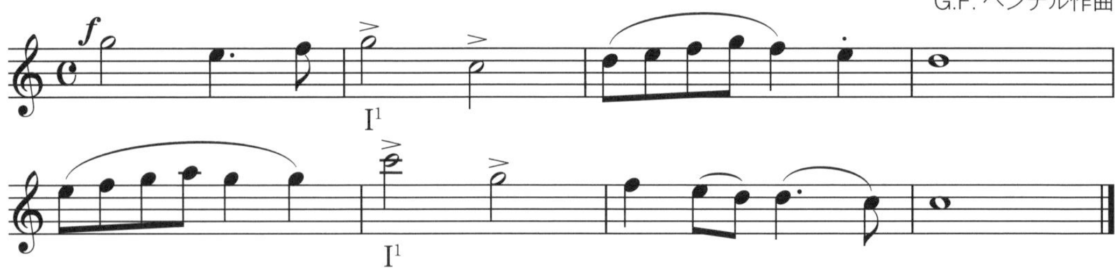

『讃美歌 No.538』より

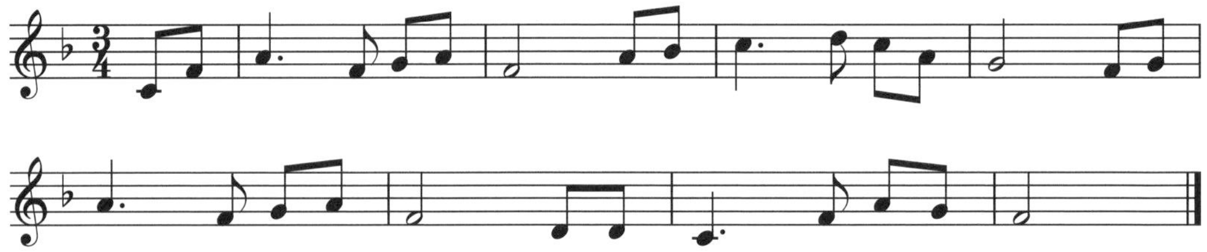

〈自由な即興〉－20－

Lesson 3

「パソコン」

パソコンが故障して、どうしようもなくなった状態を表現します。

メロディーの音は短2度を重ねて（例①参照）、伴奏の音は完全5度を ♫ で弾きます（例②参照）。リズムや拍、テンポ、強弱、そして音の選び方は一定ではなく、できるだけいろいろな音に跳んだり、リズムやテンポをわざと崩したり、急にアクセントをつけたり、急に *pp*（ピアニッシモ）にすると雰囲気がでるでしょう。

例

①

②

Example Lesson 2-**1** を完成させた例です。

『見よ、勇者は帰る』より　　G.F. ヘンデル作曲

Point! 第一転回②

第一転回を含んだ和音の連結には、①**基本位置↔第一転回**、②**第一転回↔第一転回**の２種類がありますが、ここではまず①の基本位置との連結について取り上げます。

例**A**のように同一和音内にあっては、共通音を保留してもしなくてもかまいませんが、できるだけ第３音を重複しないで、連結を考えたほうがよいでしょう（Ⅳ、Ⅴ の場合も同様）。

例**B**のように両方の和音の構成音に共通音のあるときは、その音を同一声部に保留します。また、B-b のように共通音「ソ」が Ⅴ¹ に2つ含まれている場合はどちらか一方を保留します。さらに、B-e のように共通音が１つもないときは、前にある和音（Ⅳ¹）の上三声にもっとも近い位置を選びます。

例Cのように共通音がないときは、平行５度が起きやすいので注意が必要です（P.93 の Point 参照）。

例

A 同じ種類の和音で

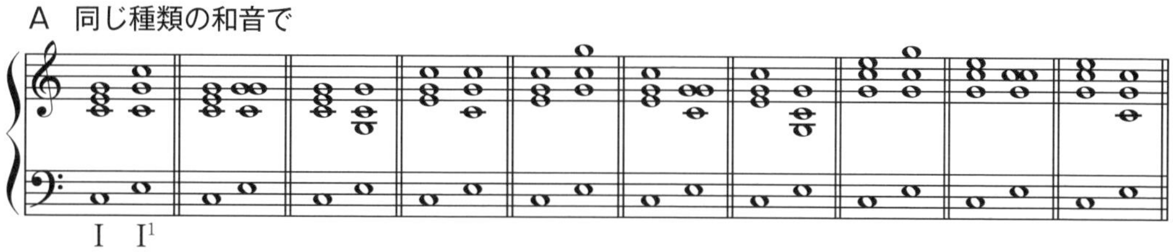

B 異なる種類の和音で

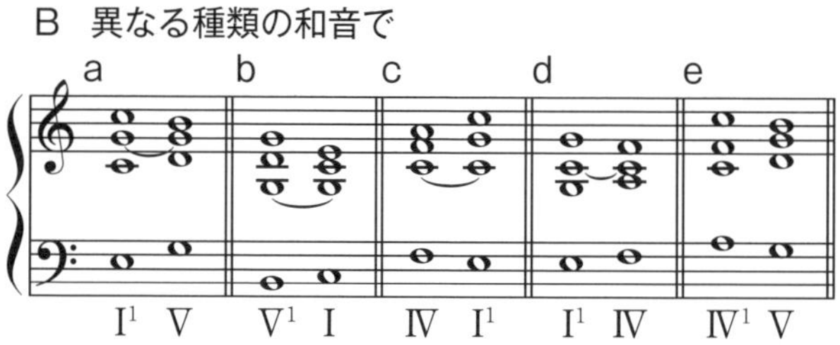

C 共通音がない場合

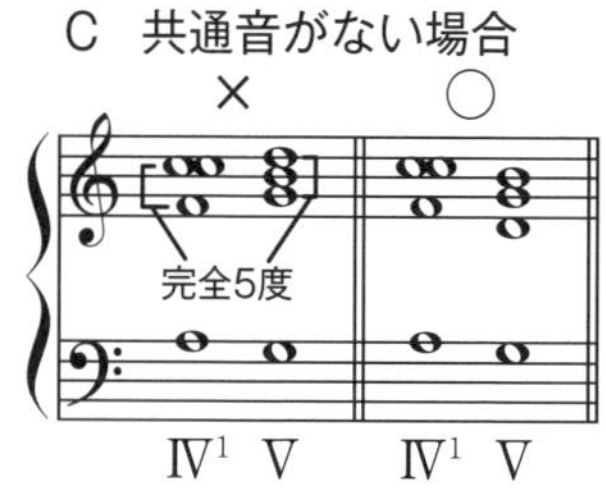

STEP 9 ロンド

Lesson 1

1 Ⅰ-Ⅳ-$Ⅰ^2$-$Ⅴ_7$-Ⅰのカデンツを弾きましょう。下のカデンツは①ニ長調（D dur）、②ニ短調（d moll）です。全調に移調し繰り返し練習しましょう。慣れてきたらリズムをつけていろいろと変奏してみましょう。

2 右手はそのままカデンツの和音を弾き、左手のバスを**経過音**（P.89 の Point 参照）などを用いて動かし、バスのメロディーを工夫してつくってみましょう。

カデンツ　Ⅰ-Ⅳ-$Ⅰ^2$-$Ⅴ_7$-Ⅰ

①
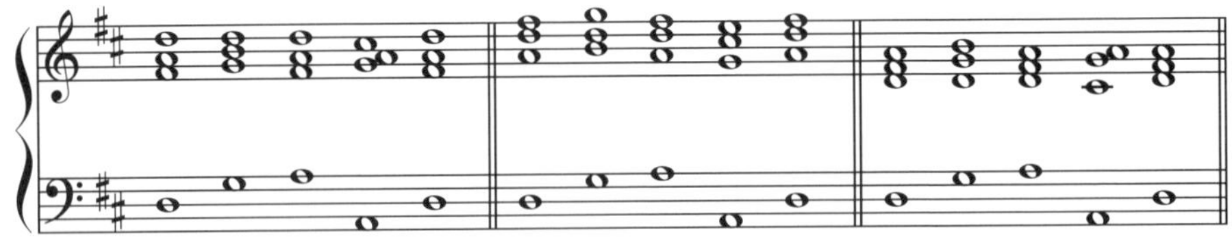

②
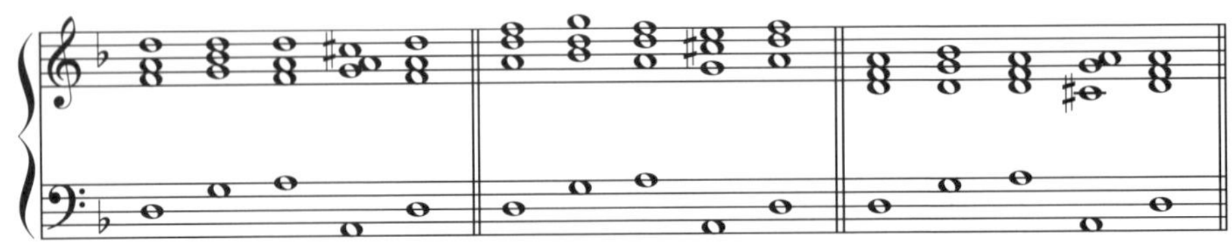

Lesson 2

1『ロンド』のメロディーの下に和音記号を記入し、それに従って伴奏してみましょう。使う和音が指定されている箇所はその通りに弾いてください。

2 ドイツ民謡のメロディーを歌いながら $Ⅰ^2$ が使用できる箇所をさがし、伴奏をつけます。ヘ長調で弾けるようになったら、全調に移調してみましょう（2 小節目と 12 小節目は、指定されているⅣで伴奏をつけます）。

『ロンド』より

W.A. モーツァルト作曲

ドイツ民謡

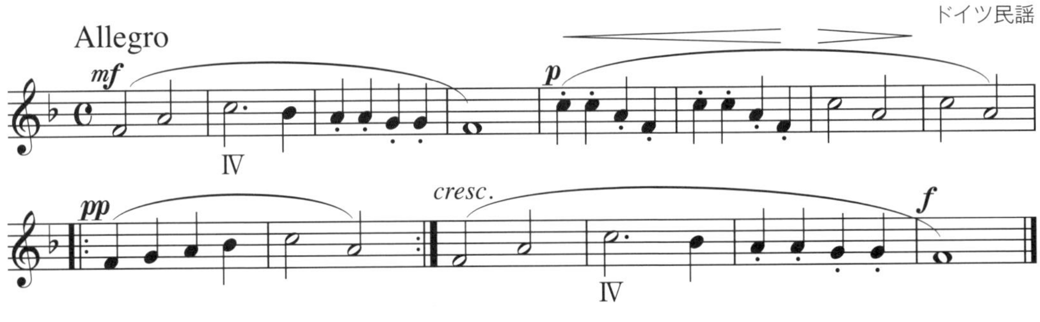

〈自由な即興〉－21－

Lesson 3

「水」

水をテーマにお話をつくり、黒鍵や白鍵を自由に使って即興演奏してみましょう。

例 海、川、雨、シャワー、プール　など

Example

Lesson 2-❶ を完成させた例です。

『ロンド』より

W.A. モーツァルト作曲

※原曲の『ロンド』は ABA の三部形式です。このあと B の部分がヘ長調に転調し、再び A のニ長調へと戻ります。（Example の譜例は A の部分のみ。）

Point! 第二転回①

第二転回位置では第５音がバスに置かれ、上三声は基本位置と同じ配置です。つまり、第５音は重複することになります。

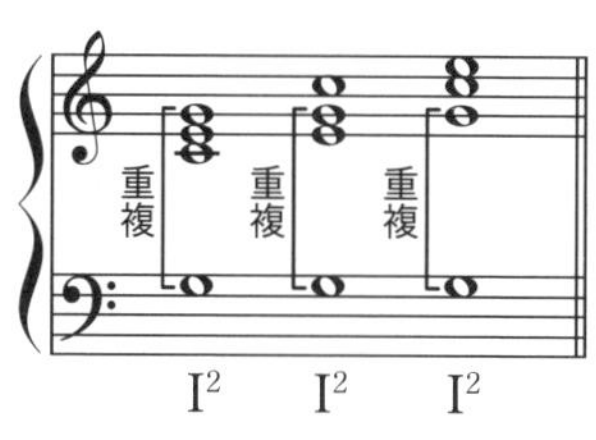

Ⅰ度の第二転回位置は多くの場合、常に Ⅴ と一対で使用される関係にあり、I^2 → $\text{V}_{(7)}$ の順序で連結されます。このとき上三声は共通音を残し、他の声部は一番近い位置に順次進行させます。また、Ⅳ → I^2 の進行は、Ⅳ→ Ⅰ の連結と同様に、共通音を残し、他の声部は一番近い位置へ下行させます。

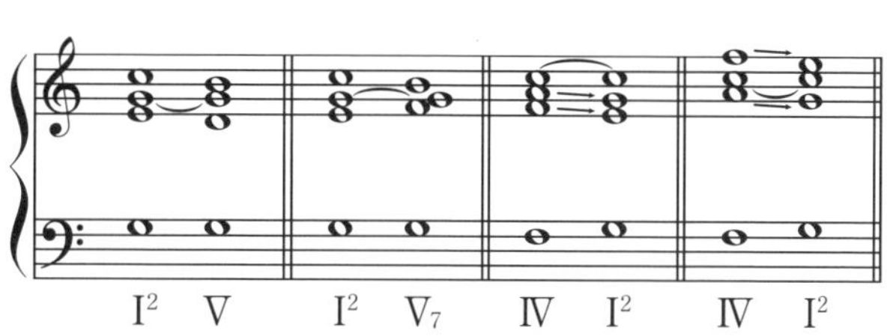

Scene 4 主要三和音で伴奏をつける

STEP 10 セレナード

Lesson 1

1 $\text{I}-\text{IV}^2-\text{V}_7-\text{I}$ のカデンツを弾きましょう。下のカデンツは①変ロ長調（B dur）、②変ロ短調（b moll）です。全調に移調し繰り返し練習しましょう。慣れてきたら分散和音にして変奏してみましょう。また、IV^2-V_7 のときのバスと上三声の進行に十分注意しましょう。

2 ソプラノのメロディーをつくってみましょう。

カデンツ　$\text{I}-\text{IV}^2-\text{V}_7-\text{I}$

①

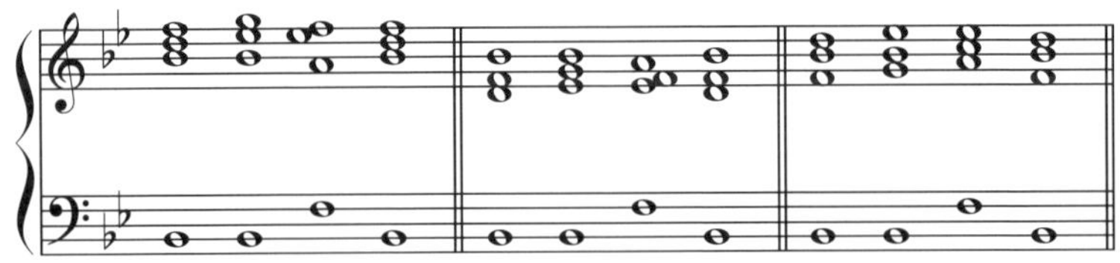

B:　I　IV^2　V_7　I

②

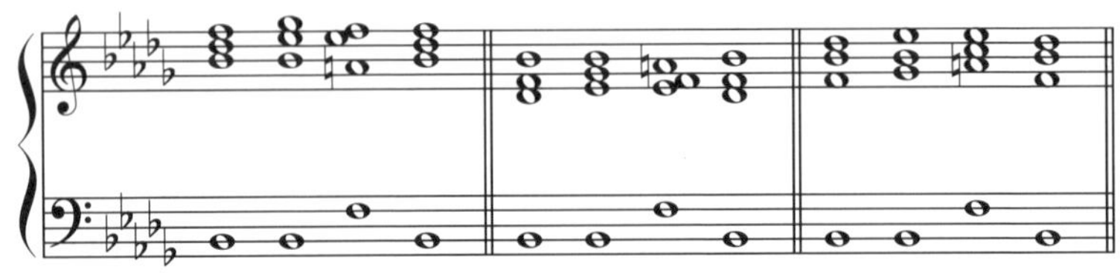

b:　I　IV^2　V_7　I

Lesson 2

1『セレナード』のメロディーの下に和音記号を記入し、それに従って伴奏してみましょう。使う和音が指定されている箇所はその通りに弾いてください。

2 ドイツ民謡のメロディーを歌いながら IV^2 が使用できる箇所をさがし、伴奏をつけます。変イ長調で弾けるようになったら、全調に移調してみましょう（×印の音は非和声音として処理してください）。

『セレナード』

F.J. ハイドン作曲

ドイツ民謡

Lesson 3

〈自由な即興〉－22－

「海ガメの散歩」

伴奏型を参考にして、海ガメが夜の海岸を散歩している様子を、短調で即興しましょう。ゆっくりと歩いているような音楽になるように心がけましょう。

伴奏型

Example

Lesson 2-❷を完成させた例です。

ドイツ民謡

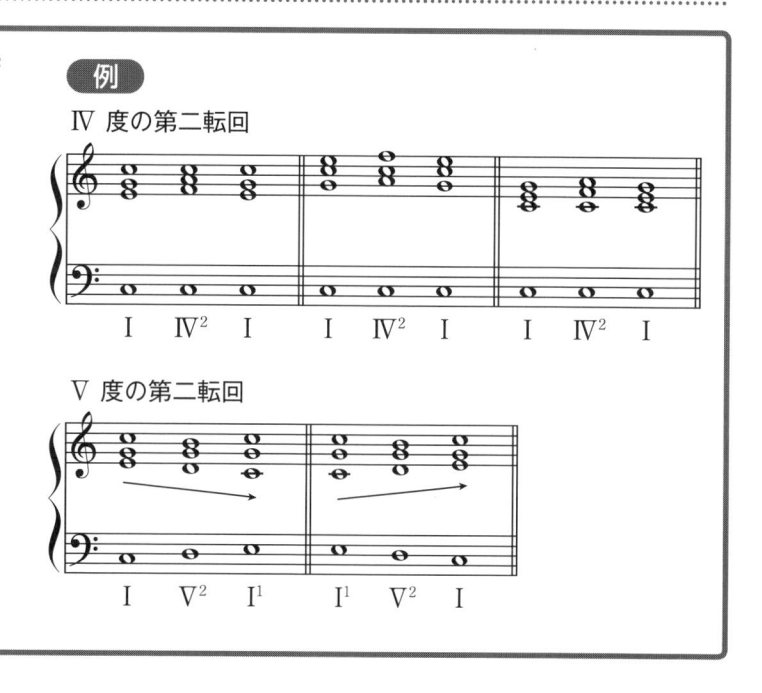

Point! 第二転回②

Ⅳ度の第二転回は、多くの場合 Ⅰ-Ⅳ^2-Ⅰと使用されますが、Ⅳ^2-Ⅴ$_7$と連結する場合は共通音を残し、それ以外の声部は一番近い位置に順次進行させます（P.100のLesson1のカデンツ参照）。

また、Ⅴ度の第二転回も、Ⅰ-Ⅴ^2-Ⅰ^1、あるいはⅠ^1-Ⅴ^2-Ⅰと使用されることが多く、バスの進行とは逆の進行をする声部があり、メロディックな響きのする連結となります。

例

Ⅳ度の第二転回

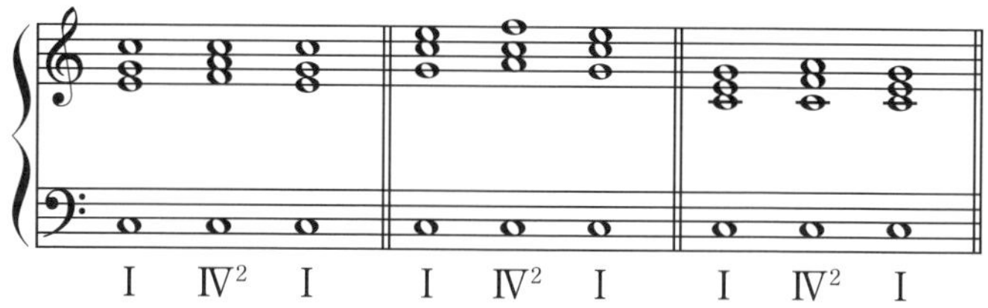

Ⅴ度の第二転回

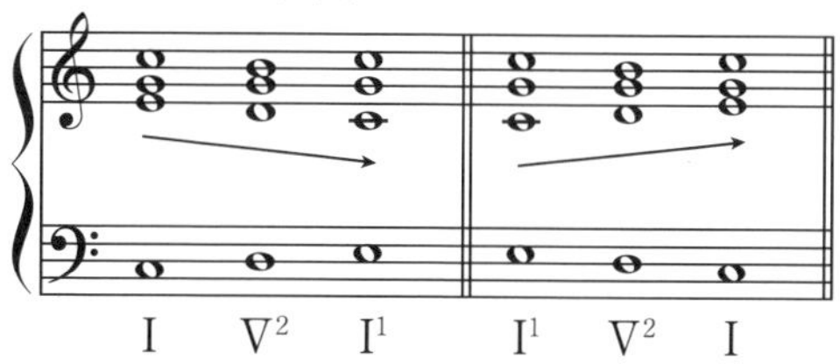

STEP 11 コントルダンス

Lesson 1

1 Ⅰ–Ⅴ$^{1}_{7}$–Ⅰ のカデンツを弾きましょう。下のカデンツは①イ長調（A dur)、②イ短調（a moll）です。全調に移調し繰り返し練習しましょう。慣れてきたらリズムをつけていろいろと変奏してみましょう。

2 Ⅰ–Ⅴ$^{1}_{7}$–Ⅰ を用いて自由な即興演奏を行いましょう。

カデンツ　Ⅰ–Ⅴ$^{1}_{7}$–Ⅰ

①
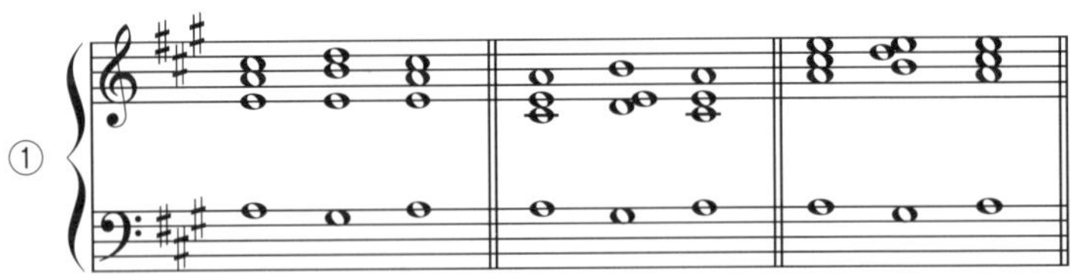

②

Lesson 2

1『コントルダンス』のメロディーの下に和音記号を記入し、それに従って伴奏してみましょう。使う和音が指定されている箇所はその通りに弾いてください。

2 イタリア民謡のメロディーを歌いながら Ⅴ$^{1}_{7}$ が使用できる箇所をさがし、伴奏をつけます。ニ長調で弾けるようになったら、全調に移調してみましょう。

『コントルダンス』より　　W.A. モーツァルト作曲

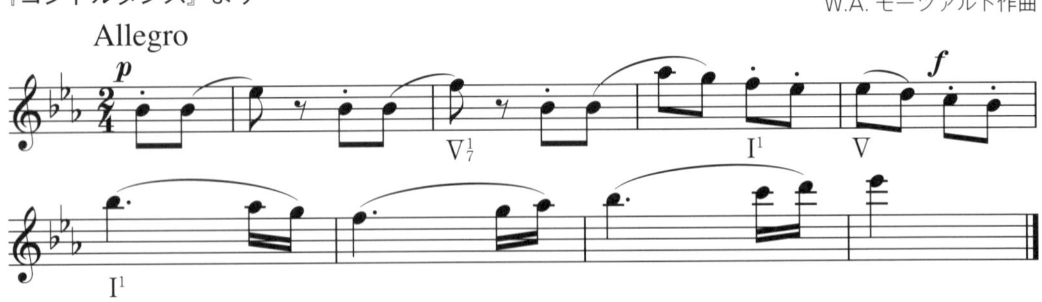

イタリア民謡

〈自由な即興〉－23－

Lesson 3 「夕立と虹」

黒鍵や白鍵を自由に使って、即興演奏を行います。げんこつや手のひら、腕を使って「夕立」の雨・風・雷などを表現し、指や手のひらを使って「虹」を表現するとよいでしょう。

Example

Lesson 2-**1** を完成させた例です。

『コントルダンス』より

W.A. モーツァルト作曲

Point! 属七の転回形

属七の転回形には３種類あり、転回された四声部は特別なことがない限り、どの音も省略したり、重複したりすることはありません。

- 属七の第３音がバス→第一転回（V^{1}_{7}）
- 属七の第５音がバス→第二転回（V^{2}_{7}）
- 属七の第７音がバス→第三転回（V^{3}_{7}）

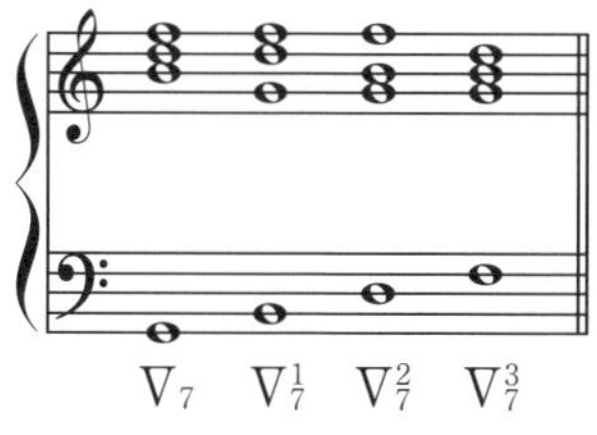

また、第一転回のバスはその調の導音のため、ほとんどの場合、主音へ解決します（第二転回、第三転回についてはP.127、P.129 の Point 参照）。

Scene 4 主要三和音で伴奏をつける

STEP 12 Blues on Down

Lesson 1

1 ブルースの代表的なバスの動きを、左手で暗譜するまで繰り返し練習しましょう。慣れてきたら全調で弾いてください。

2 いろいろとリズムを変えて弾いてみましょう。

Lesson 2

1 リズムに気をつけて、右手だけでメロディーを弾きましょう。♫ はすべて ♩♪（3連）のリズムにするとジャズ特有のスウィングする感じが出てきます。

2 慣れてきたら Lesson 1 で練習した左手の伴奏をつけて弾いてみましょう。

『Blues on Down』

作曲者不詳

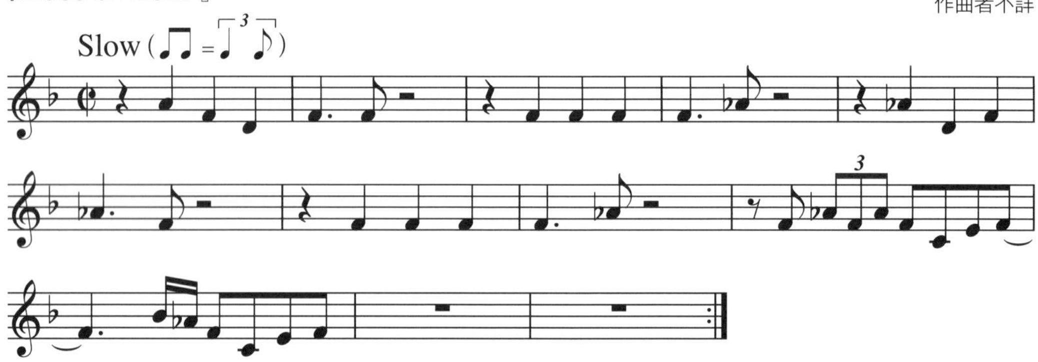

Lesson 3

1 ブルーノート・スケールやペンタトニック・ブルーノート・スケール（スケールについては Point 参照）を使って、自由にブルースのメロディーを即興演奏してみましょう。

2 Lesson 1 で練習した左手の伴奏を使って、ブルースを即興演奏してみましょう。慣れてきたら Example のように途中で和音を入れてみてください。

(1) ブルーノート・スケール (blue note scale)

(2) ペンタトニック・ブルーノート・スケール (pentatonic blue note scale)

Example

Lesson 3 - **2** を完成させた例です。

『Blues on Down』　※9、10小節目にみられるⅤ→Ⅳ→Ⅰの和音進行がブルースの特徴です。

作曲者不詳
A. Sugimoto 編曲

Point! ブルース

ジャズ音楽の中で、一般的によく知られている基本の形式*がブルース（blues）です。4小節ごとの3つの段落（ABC）からなる12小節で構成され、基本の和音進行は例①のようになります。＊ジャズではフォームと呼ぶ。

しかし多くの場合、この和音進行通りには使用せず、さまざまな代理和音が使われたり、和音進行通りに演奏されたとしても、「テンション（tension）」と呼ばれるジャズ音楽特有の和音を付加するのが一般的です。テンションとは、七の和音の上にさらに積み重ねた9度、11度、13度などの高い位置の構成音（high position of chord）のことをいい、たとえば C7（I_7）と表記されていても、例②に示したようなテンションが考えられ、演奏者は任意に音を付加します。なお、このSTEPのExampleでも3種類のテンションが使われています（例③参照）。

例

①

A	4/4	Ⅰ	Ⅰ	Ⅰ	Ⅰ
B	4/4	Ⅳ	Ⅳ	Ⅰ	Ⅰ
C	4/4	Ⅴ	Ⅳ(Ⅴ)	Ⅰ	Ⅰ(Ⅴ)

②

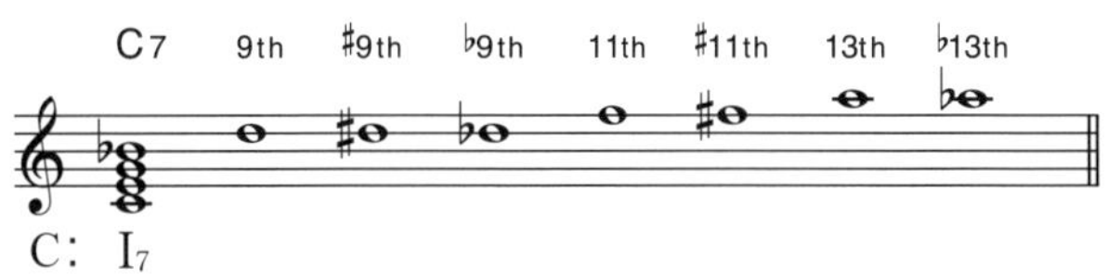

③

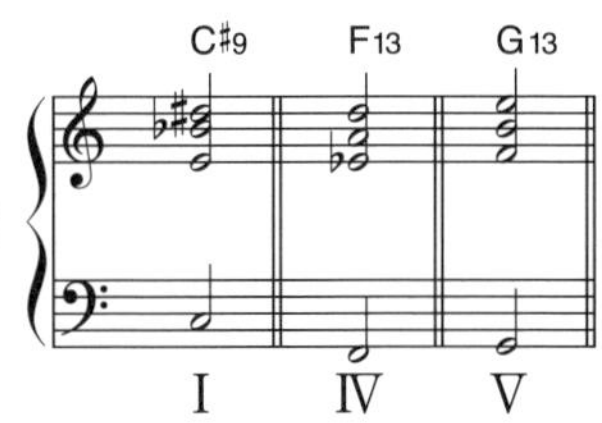

Lesson 3のブルーノート・スケールとペンタトニック・ブルーノート・スケールは、ブルース特有のフィーリングを表すときに使用され、アフリカ系音階に近い音階となっています。とくに第3音、第7音を半音下げて使用することに特徴があり、またブルーノート・スケールの第5音の♭は、第4音と第5音を接続する経過音的な音として多く使用されます。

なお､ジャズ音楽における「フォーム」「テンション」「スケール」などの詳しい内容については､市販のジャズ理論書などを参考にしてください。

Scene 5の前に

予備練習

ここから115ページまではScene 5に入る前の予備練習です。どこかで聞いたことがあったり、よく知っている曲のメロディーが書かれていますので、今まで学習してきたハーモニーや伴奏型を使って、それぞれの曲のイメージに合っていると思われる伴奏付けをしてみましょう。

My Bonny ／ハ長調

作詞者不詳　アメリカ民謡

The Old Folks at Home ／ニ長調

S.C. フォスター作曲

Chernobrovyj,chernookij ／イ短調

ロシア民謡

Chernobrovyj,chernookij ／ロ短調

ロシア民謡

Londonderry Air ／変ホ長調

アイルランド民謡

Home Sweet Home ／ホ長調

J.H. ペイン作詞　H.R. ビショップ作曲

Moderato
'Mid pleas - ures and pal - a - ces though we may roam, Be it
ev - er so hum - ble there's no place like home; A charm from the
skies seems to hal - low us there. Which, seek thro' the world, is ne'er
met with else - where. Home! home! sweet, sweet
home! There's no place like home, There's no place like home!

ジプシーの歌／ハ短調

近藤朔風訳詞　ハンガリー民謡

ゆ め に な ず ー み ー て ね む る い と ー し ー ご
て る ひ に か ー ぜ ー に ー と り ぞ な が ー と ー も

ジプシーの歌／嬰ハ短調

近藤朔風訳詞　ハンガリー民謡

ゆ め に な ず ー み ー て ね む る い と ー し ー ご
て る ひ に か ー ぜ ー に ー と り ぞ な が ー と ー も

Dobromyslá husička ／ヘ長調

ボヘミア民謡

My Old Kentucky Home ／ト長調

S.C. フォスター作曲

Torna a Sorrento／ニ短調

D. クルティス作曲

Allegro moderato
sostenuto
rall.
ten.
a tempo con passione
rall.
Refrain
sostenuto

Flee as a Bird／ホ短調

スペイン民謡

Expression ♩= 66
Flee as a bird to yon moun - tain, Thou who art wea - ry of sin;
Go to the clear flow-ing foun - tain, Where you may wash and be clean;
Fly, for th'a-ven - ger is near thee, Call, and the Sav - ior will hear thee,

Romance de l'Amour ／ホ短調

スペイン民謡

Carry Me Back to Old Virginny ／変イ長調

J.A. ブランド作曲

The grazier's daughter ／イ長調

フランス民謡

ヘイ！ヤシネック／へ短調

ポーランド民謡

Green Sleeves ／嬰へ短調

イングランド民謡

星かげさやかに／変ロ長調

フランス民謡

Andante
mp
mf

おお牧場はみどり／ロ長調

チェコ／スロバキア 民謡

Cossack's cradle song ／ト短調

ロシア民謡

Lento

かり　かり　わたれ／嬰ト短調

わらべ歌

か り か り わ た れ おお き な か り は さ き に
ちい さ な か り は あ と に な か よ く わ た れ

フレール・ジャック／嬰ヘ長調

フランス民謡

フレール・ジャック／変ト長調

フランス民謡

シャロム／嬰ニ短調

パレスチナ民謡

シャ　ロム　チャヴェリム　シャ　ロム　チャヴェリム　シャ　ロム　シャ　ロム　レ
ヒットラ　ーオト　レ　ヒットラ　ーオト　シャ　ロム　シャー　ロム

シャロム／変ホ短調

パレスチナ民謡

シャ　ロム　チャヴェリム　シャ　ロム　チャヴェリム　シャ　ロム　シャ　ロム　レ
ヒットラ　ーオト　レ　ヒットラ　ーオト　シャ　ロム　シャー　ロム

大きな栗の木の下で／嬰ハ長調

イギリス民謡

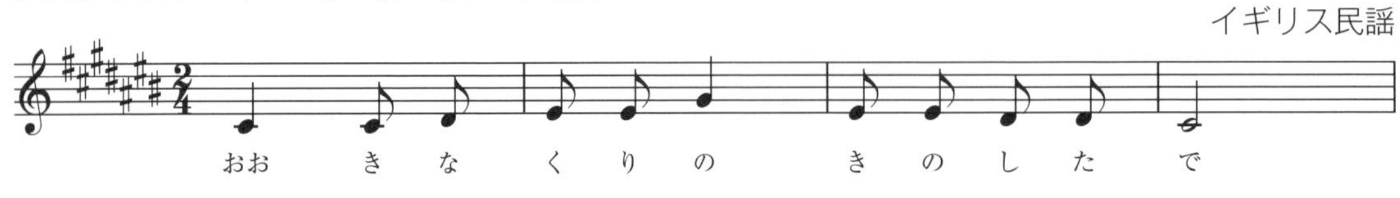
おお　き　な　く　り　の　き　の　し　た　で

あ な ー た と わ た し
た の し く あ そ び ま しょう
おお き な く り の き の し た で

大きな栗の木の下で／変ニ長調

イギリス民謡

おお き な く り の き の し た で
あ な ー た と わ た し
た の し く あ そ び ま しょう
おお き な く り の き の し た で

虫の声／嬰イ短調

イギリス曲

虫の声／変ロ短調

イギリス曲

STEP 1 メヌエットⅡ

Lesson 1

1 Ⅰ-Ⅴ-Ⅵ-Ⅳ-Ⅴ のカデンツを弾きましょう。下のカデンツは①変ホ長調（Es dur）、②変ホ短調（es moll）です。全調に移調し繰り返し練習しましょう。その際、必ず Ⅴ から Ⅰ へ解決させるようにしてください。

2 右手はそのままカデンツの和音を弾き、左手はバスのメロディーを工夫してつくってみましょう。長調と短調では上三声の進行が異なるので十分注意しましょう（Point 参照）。

カデンツ　Ⅰ-Ⅴ-Ⅵ-Ⅳ-Ⅴ

①
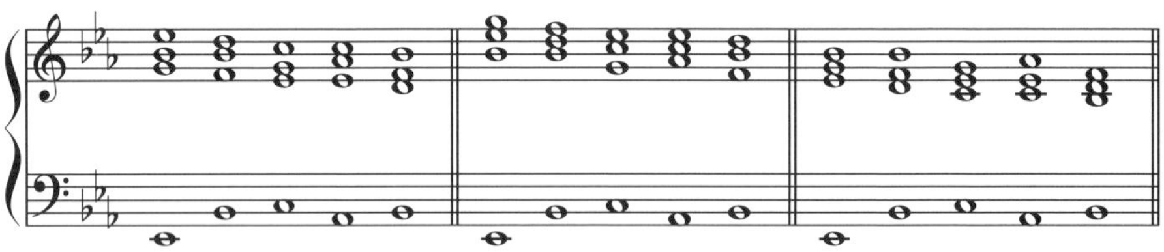

Es: Ⅰ Ⅴ Ⅵ Ⅳ Ⅴ

②
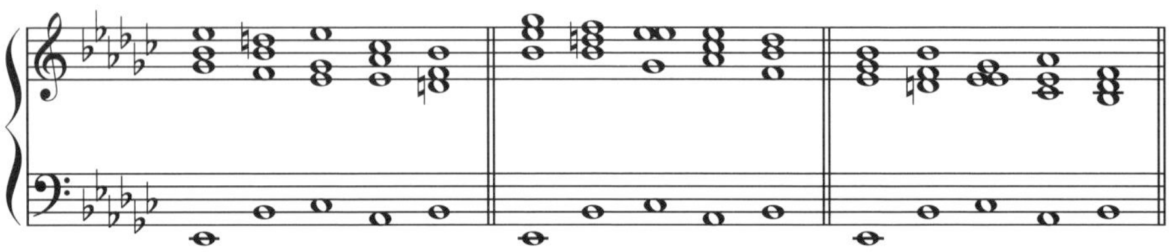

es: Ⅰ Ⅴ Ⅵ Ⅳ Ⅴ

Lesson 2

1『メヌエット』のメロディーの下に和音記号を記入し、伴奏してみましょう。使う和音が指定されている箇所はその通りに弾いてください。

2 ドイツ民謡のメロディーを歌いながら、Ⅰ-Ⅴ-Ⅵ-Ⅳ-Ⅴ が使用できる箇所をさがし、伴奏をつけます。ト長調で弾けるようになったら、全調に移調してみましょう。

『メヌエット』（組曲「アルルの女」より）

G. ビゼー作曲

ドイツ民謡

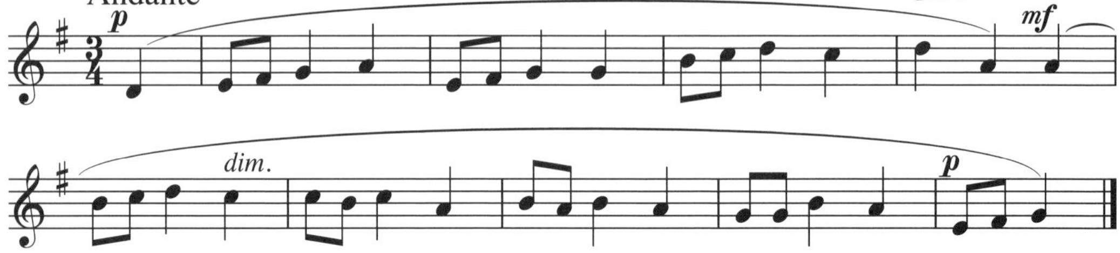

Lesson 3

〈自由な即興〉 − 24 −

「変わった響きで」

右記を参考にして用意ができたら、蓋を開けたまま鍵盤を押してみましょう。どんな音色になりましたか。次にダンパーペダルを踏んだまま鍵盤を押してください。音色の変化はどう変わりましたか。何回か試して、弦にキズなどができないことを確認したうえで、蓋を閉めて音を出してみましょう。いろいろな弾き方を工夫し、出てきた音色からイメージされるものを、さまざまな方法で即興演奏してみましょう。

〈始める前に用意するもの〉

●グランドピアノの場合

ピアノの蓋を開けて、弦にキズがつかない素材でできているものを弦の上に並べます。

例：ピンポン玉、ゴムボール、タオルなど

●アップライトピアノの場合

ピアノの蓋（前面でも天辺でもよい）を開けて、弦にキズがつかない素材でできているものを弦と弦の間に挟みます。

例：ハンカチ、洗濯バサミなど

Example

Lesson 2-**2** を完成させた例です。

ドイツ民謡

Point! Ⅵの和音

Ⅵ の和音は、Ⅰ の和音にも Ⅳ の和音にも共通音をもつため、主和音と下属和音の両方の代理和音として使用されます（例 A、B 参照）。

Lesson 1 のカデンツで、Ⅴ → Ⅵ の連結では両方の和音に共通音がないので、上三声はバスに対して逆進行（反行）させます。また、$Ⅴ_7$ → Ⅵ の進行も、上三声は逆進行となりますが、このときの $Ⅴ_7$ の和音は第５音を省略しないで、すべての構成音を用い（完全和音）、Ⅵ の和音は第３音を重複させる方法が一般的です（例 C 参照）。したがって、導音は主音に解決します。とくに短調のときは、導音を２度上行させず、下行すると増２度音程になり、和声学ではこの増２度進行を禁止しているので注意してください（例 D 参照）。

例

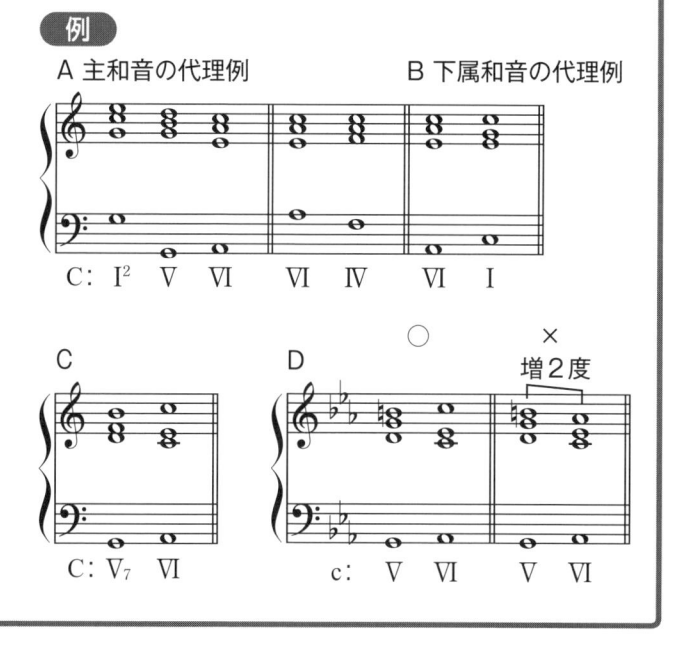

A 主和音の代理例　　B 下属和音の代理例

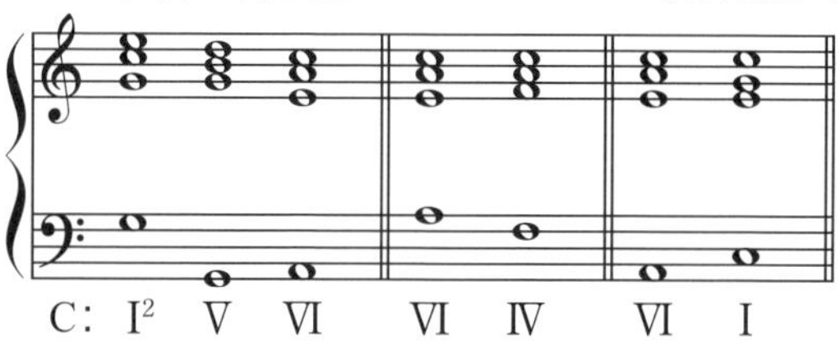

C

D

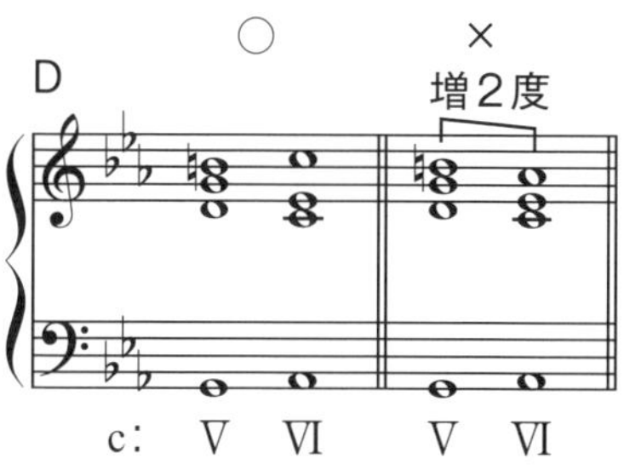

STEP 2 アレグレット

Lesson 1

1 Ⅰ-Ⅱ-$Ⅴ^1$-Ⅰのカデンツを弾きましょう。下のカデンツは①ホ長調（E dur）、②ホ短調（e moll）です。全調に移調し繰り返し練習しましょう。さらに、この進行の前や後に今までに習った和音や和音進行を入れて、全調で弾いてみましょう。

2 Ⅰ-Ⅱ-$Ⅴ^1$-Ⅰのカデンツを分散和音に変奏してみましょう。

カデンツ　Ⅰ-Ⅱ-$Ⅴ^1$-Ⅰ

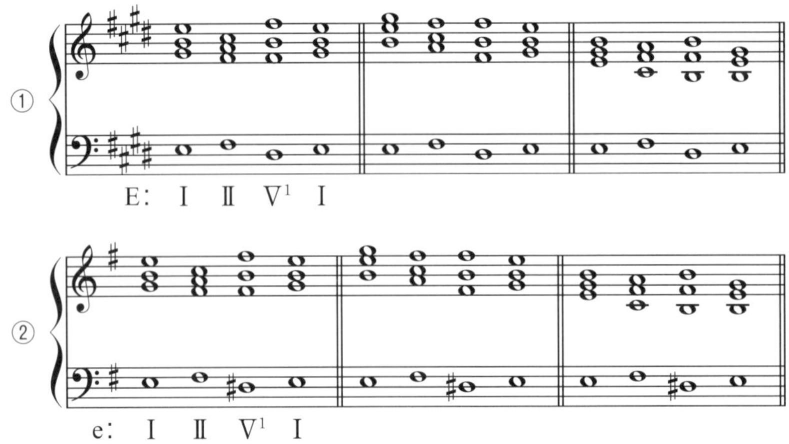

Lesson 2

1『アレグレット』のメロディーの下に和音記号を記入し、それに従って伴奏してみましょう。使う和音が指定されている箇所はその通りに弾いてください。慣れてきたら続きのメロディーをつくり、二部形式の楽曲にしましょう。

2『Bobby Shafto』のメロディーを歌いながらⅠ-Ⅱ-$Ⅴ^1$が使用できる箇所をさがし、伴奏をつけます。ホ長調で弾けるようになったら、全調に移調してみましょう。

『アレグレット』より　　C．G．ネーフェ作曲

『Bobby Shafto』　　イギリス民謡

Lesson 3

〈自由な即興〉－25－

「こんがらがったマーチ」

右のような状況をイメージして、行進曲風に即興演奏してみましょう。左手の伴奏と右手のメロディーを、短2度ずらして弾くようにすると、こんがらがっている様子が表現できるでしょう。

> 幼稚園での運動会の練習初日の出来事です。行進の練習を始めましたが、どうしたことか、列があっちこっちグチャグチャになってこんがらがってしまいました。

Example

Lesson 3を完成させた例です。

Point! Ⅱの和音

Ⅱ の和音は、Ⅳ の和音と共通する音が２つあります（例①）。そのため Ⅱ は Ⅳ の代わりの和音（代理和音）としてよく使用され、基本位置よりも第一転回のほうが響きに柔らかさが出るため頻繁に用いられます（転回位置についてはP.95 の Point を参照）。とくに短調の場合、基本位置はまれにしか使われません。

Ⅰ から Ⅱ への進行は、共通音がないため上三声はバスに対して逆進行となります（例②）。

Ⅱ から Ⅴ^{1} への進行は、共通音を残し、上三声は第５音か根音を重複させます（例③）。

また、Ⅱ から Ⅴ の基本位置へ進行する場合は、上三声は共通音を残さず、下行させます（例④）。

例

① ②

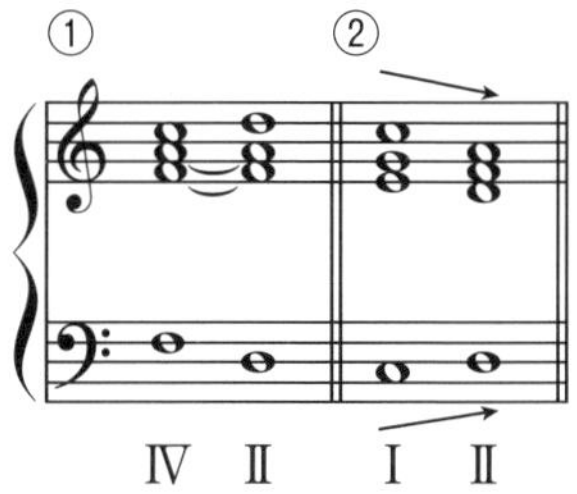

③

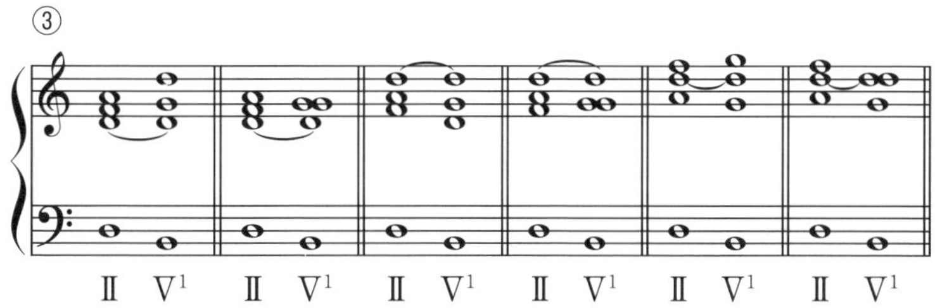

④

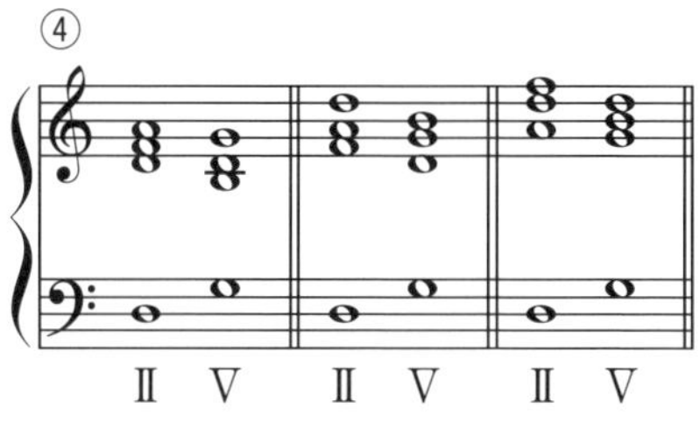

STEP 3 メヌエットⅢ

Lesson 1

1 Ⅰ-Ⅴ^1-Ⅳ^1-Ⅲ^1-Ⅳ のカデンツを弾きましょう。下のカデンツは①変イ長調（As dur）、②変イ短調（as moll）です。全調に移調し繰り返し練習しましょう。さらに、Ⅳのあとは今までに習った和音や和音進行を使って、Ⅰに解決してみましょう。

2 Ⅰ-Ⅴ^1-Ⅳ^1-Ⅲ^1-Ⅳ のカデンツをもとにして、ソプラノのメロディーをつくってみましょう。

カデンツ　Ⅰ-Ⅴ^1-Ⅳ^1-Ⅲ^1-Ⅳ

①
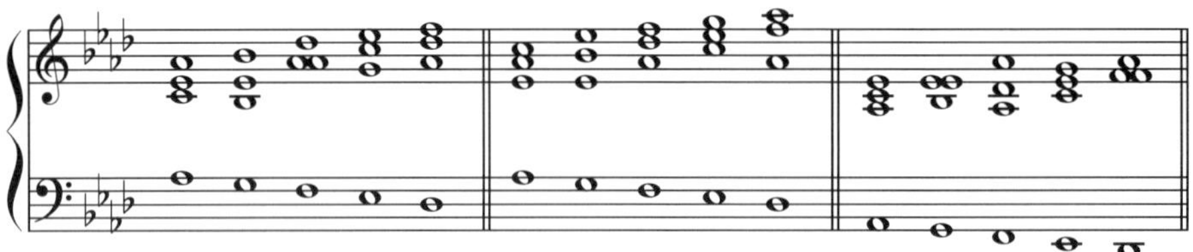

As: Ⅰ Ⅴ^1 Ⅳ^1 Ⅲ^1 Ⅳ

②
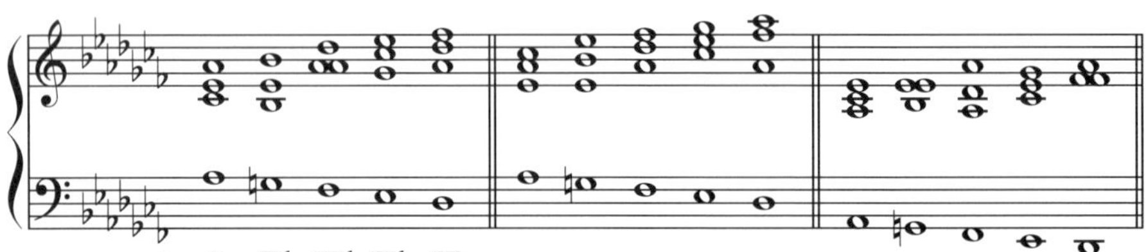

as: Ⅰ Ⅴ^1 Ⅳ^1 Ⅲ^1 Ⅳ

Lesson 2

1『メヌエット』のメロディーの下に和音記号を記入し、それに従って伴奏してみましょう。使う和音が指定されている箇所はその通りに弾いてください。

2 チリ民謡のメロディーを歌いながら Ⅲ^1-Ⅳ が使用できる箇所をさがし、伴奏をつけます。ニ長調で弾けるようになったら、全調に移調してみましょう。

『メヌエット』より

C.F. シャーレ作曲
（1713～1800）

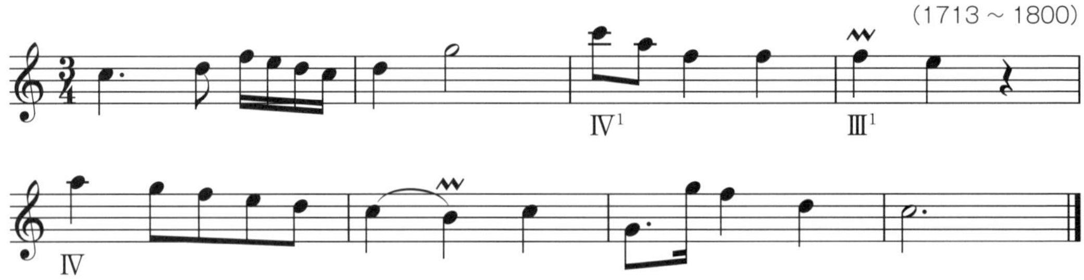

チリ民謡

Lesson 3 〈自由な即興〉－26－「おりの中の動物たち」

動物園の動物たち（白くま、カバ、ゾウ、オランウータン、ゴリラなど）が、狭いおりの中で生活している様子を、下の各テーマの続きをつくったり、自分で伴奏型を工夫してメロディーをつくって、即興演奏してみましょう。

白くまのテーマ

カバのテーマ

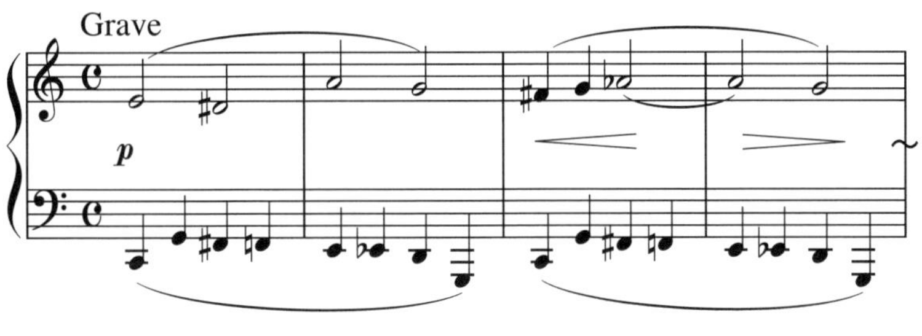

オランウータンのテーマ

Example

Lesson 2-**1** を完成させた例です。

『メヌエット』より

C.F. シャーレ作曲

※原曲の『メヌエット』は ABA′の三部形式です。このあと B の部分へ続くため、☆の箇所が異なった音になっています。(Example の譜例は A の部分のみ。)

☆1 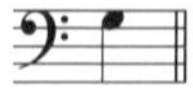 ☆2  ☆3 

Point! 第一転回形の連続、Ⅲ度、Ⅴ→Ⅳ進行

●第一転回の連続使用について

第一転回を連続使用する場合、両方の和音をオクターブ配分にすると平行８度が生じてしまうので（例 A-①）、どちらか一方か両方の和音を、オクターブ配分以外にするのが一般的です（Lesson 1 のカデンツ参照）。ただし、両方の和音のオクターブの音が、２つとも共通音である場合は例外となります（例 A-②）。

また、第一転回の和音は一般的に第３音を含めないほうがよいとされていますが（P.95 の Point 参照）、Lesson 1 の２番目のカデンツにあるように、第３音を含めたほうが、ソプラノの進行とバスの進行が反進行して、メロディックな響きになるので、「平行８度」「増２度音程」などが生じなければ、Ⅴ の和音以外は第３音を重複してもかまいません（例 B）。Lesson 1 のカデンツおよび Lesson 2-1 のメヌエットにおいては、それぞれ第一転回を使用しバスが音階進行することによって、バスがメロディックになっています。

● Ⅲ 度について

Ⅲ の和音は、Ⅴ と Ⅰ の和音それぞれに２つの共通音をもつため、Ⅴ と Ⅰ の代理和音として使用されます（例 C）。その際に転回した場合、第３音は重複して用いられることが多いです（Ⅱ の和音、Ⅵ の和音も同じ）。

● Ⅴ → Ⅳ 進行について

Ⅴ の和音は、一般的には Ⅳ には進行しませんが、Ⅳ へ進行することによって、解決を引き延ばすことになり、特殊な効果を得ることができます（例 D）。Ⅴ にはさまれた Ⅳ（Ⅴ → Ⅳ → Ⅴ）や半終止の後の Ⅳ などは Ⅴ → Ⅳ 進行としてよく使用されます。

例

STEP 4 嵐のあと

Lesson 1

1 Ⅰ-Ⅳ^{1}-Ⅴ^{1}-Ⅰ-Ⅵ-Ⅱ^{1}-Ⅴ-Ⅰのカデンツを弾きましょう。下のカデンツは①ロ長調（H dur）、②ロ短調（h moll）です。全調に移調し繰り返し練習しましょう。慣れてきたら、分散和音に変奏してみましょう。

2 右手はⅠ-Ⅳ^{1}-Ⅴ^{1}-Ⅰ-Ⅵ-Ⅱ^{1}-Ⅴ-Ⅰのカデンツをそのまま弾き、左手で低音域のメロディーを工夫してつくってみましょう。

カデンツ　Ⅰ-Ⅳ^{1}-Ⅴ^{1}-Ⅰ-Ⅵ-Ⅱ^{1}-Ⅴ-Ⅰ

①
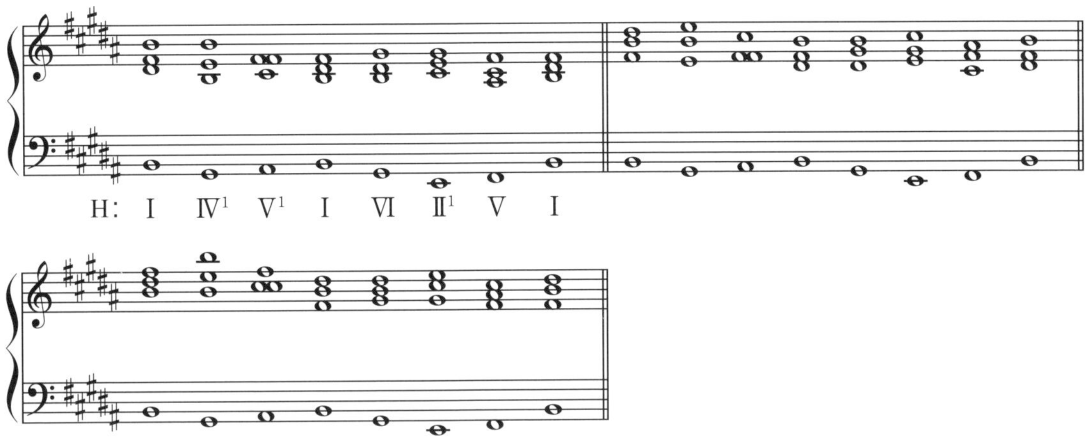

②
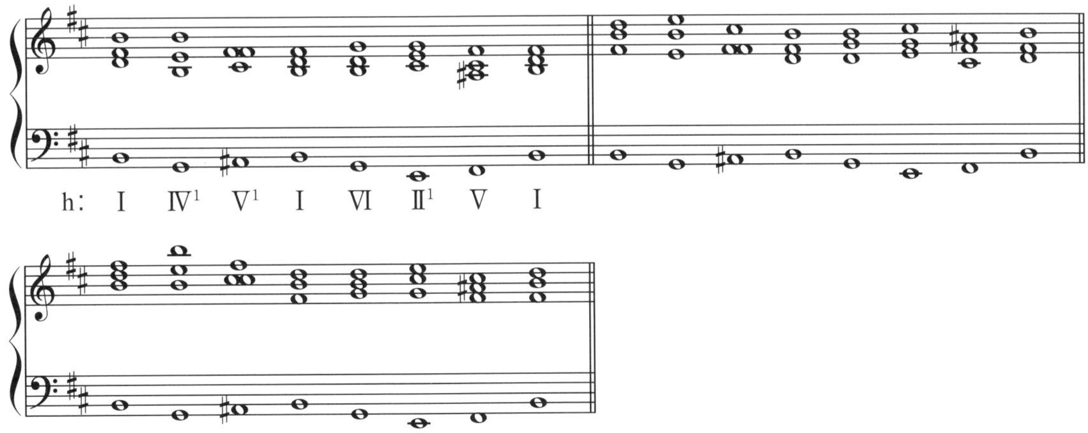

Lesson 2

1『田園』のメロディーの下に和音記号を記入し、それに従って伴奏してみましょう。使う和音が指定されている箇所はその通りに弾いてください。伴奏型はオーケストラの演奏などを聴いて工夫してみましょう。

2 右ページのロシア民謡のメロディーを歌いながら Ⅵ-Ⅱ^1-Ⅴ-Ⅰ が使用できる箇所をさがし、伴奏をつけます。ハ長調で弾けるようになったら、全調に移調してみましょう。

交響曲第６番『田園』より　　　　L.v. ベートーヴェン作曲

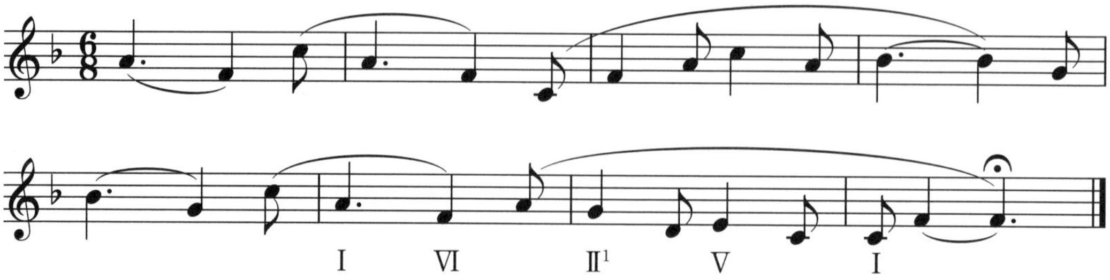

ロシア民謡

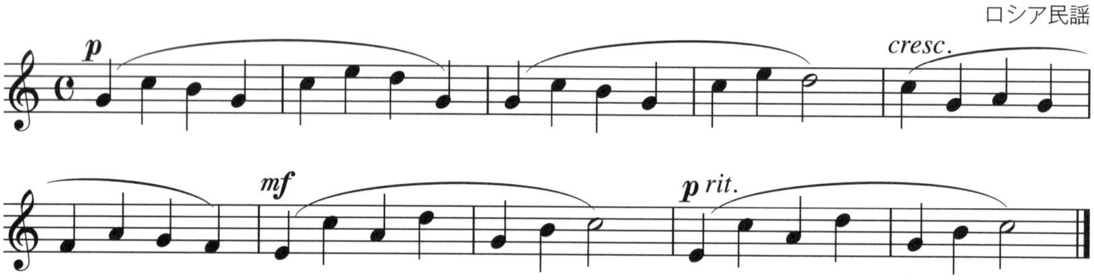

〈自由な即興〉－27－

Lesson 3

「うかれる、くやしい　etc.」

人間にはさまざまな感情があり、その心の動きをコントロールして生きているのですが、ときどきコントロールが難しくなり、いろいろと悩んだりしてしまうこともありますね。
さて、その感情（心）の動きを、黒鍵や白鍵を自由に使って、腕、ひじ、指、げんこつなどで表現してみましょう。下に示した感情の例を参考に物語をつくり、その話の筋にそって即興演奏してみてください（使う順序は自由です）。

例

・うかれる	・怒る	・心配する
・くやしい	・あきらめる	
・よろこぶ	・さみしい	・驚く
・興奮する	・落ち込む	・緊張する

Example

Lesson 2-❷ を完成させた例です。

ロシア民謡

Point! II¹ の和音

II¹ の和音は、上三声に第３音を重複させるのが一般的ですが、根音を上三声に重複させることも可能です（例 A）。

ただし、II¹ の和音では第３音を重複させるほうが最もよく響く構成なので（例 B-①）、その配置にするために、同声部に共通音があっても保留せず跳躍させて連結することも可能です（例 B-②・③）。

また、II¹ → V の進行は、上三声を下行させますが（Lesson 1 のカデンツ参照）、II¹ → V¹ の場合は、上三声を下行させなくてもかまいません（例 C）。

例 II 度の第一転回

A

B

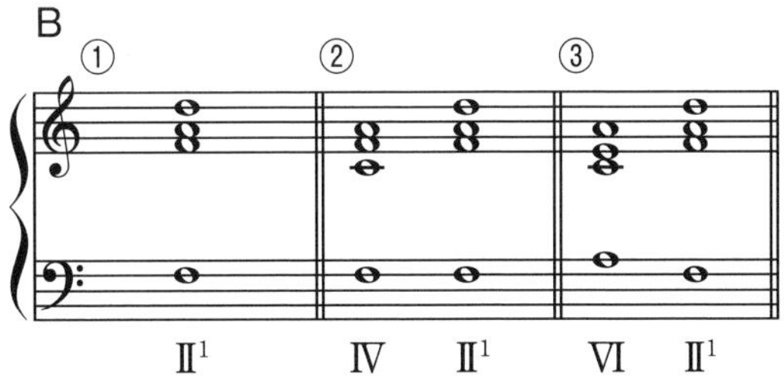

C

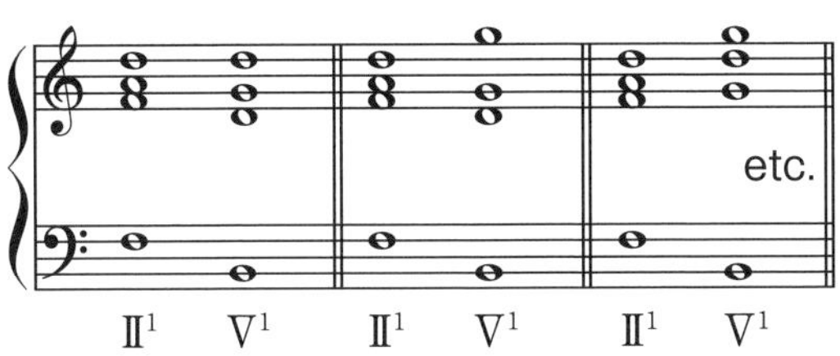

STEP 5 ラールゴ

Lesson 1

1 $\mathrm{I}-\mathrm{V}_7^2-\mathrm{I}^1-\mathrm{IV}$ のカデンツを弾きましょう。下のカデンツは①変ニ長調（Des dur）、②嬰ハ短調（cis moll）です。全調に移調し繰り返し練習しましょう。慣れてきたら、今までに学習した和音を用いて、Ⅰへ解決させましょう。Des と Cis は鍵盤上では同じ位置にあります。これを**異名同音**（P.33 の Point 参照）といいます。

2 V_7^2 を用いた自由な即興演奏をしてみましょう。

カデンツ　$\mathrm{I}-\mathrm{V}_7^2-\mathrm{I}^1-\mathrm{IV}$

①
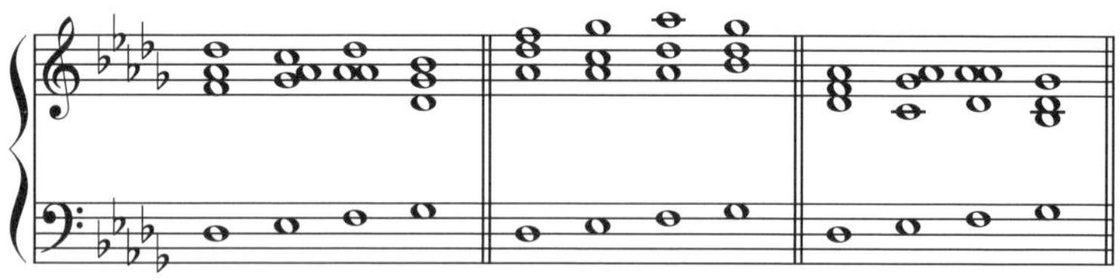

Des:　Ⅰ　V_7^2　I^1　Ⅳ

②
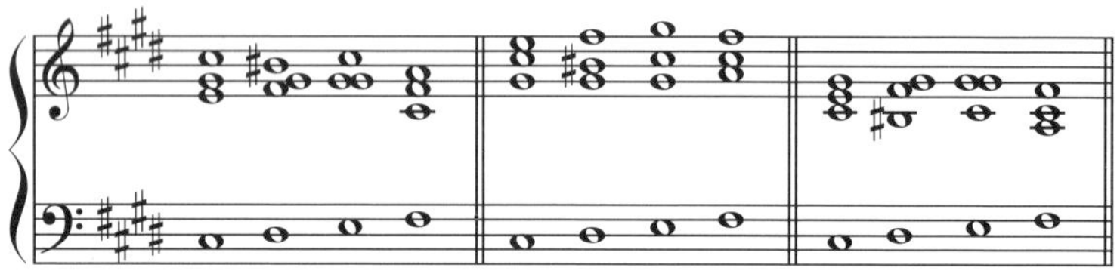

cis:　Ⅰ　V_7^2　I^1　Ⅳ

Lesson 2

1 『ラールゴ』のメロディーの下に和音記号を記入し、それに従って伴奏してみましょう。伴奏型は、メロディーを右手の３・４・５の指でなるべく弾き、右手の１・２・３の指は和音の上三声を弾きます。左手はバスを弾きます。リズムは ♩ がよいでしょう。この曲は歌劇『クセルクセス』の中のアリアです。楽譜があれば参考にしてください。

2 ドイツ民謡のメロディーを歌いながら V_7^2 が使用できる箇所をさがし、伴奏をつけます。ト長調で弾けるようになったら、全調に移調してみましょう。

『ラールゴ』より

G.F. ヘンデル作曲

ドイツ民謡

Lesson 3

〈自由な即興〉－28－

「タイム・マシン」

過去・現在・未来へ自由に行ける乗り物があったら……。「タイム・マシン」に乗っていろいろな世界へ行くお話をつくって、それを即興演奏で表現してみましょう。タイム・マシンに乗って時間と空間を移動する曲は、下のテーマ曲を参考にしてください。

『タイム・マシーンのテーマ』

A. Sugimoto 作曲

Example

Lesson 2-**2** を完成させた例です。

ドイツ民謡

Point! 属七の第二転回

$V^2_7 \rightarrow I^1$ の進行では、原則として第3音は2度上行し、第7音も2度上行します。したがって、一般的に I^1 は第5音重複となります（例A）。

V^2_7 は、I と I^1 の和音との間の経過和音としてもよく使用されます（Lesson 1のカデンツ参照）。

また、$I \rightarrow V^2_7 \rightarrow I^1$ に続く和音が II^1 の場合、バスの進行に対して他の一声部を反進行させるとよい響きになります。その結果、I^1 は第3音重複となります（例B）。

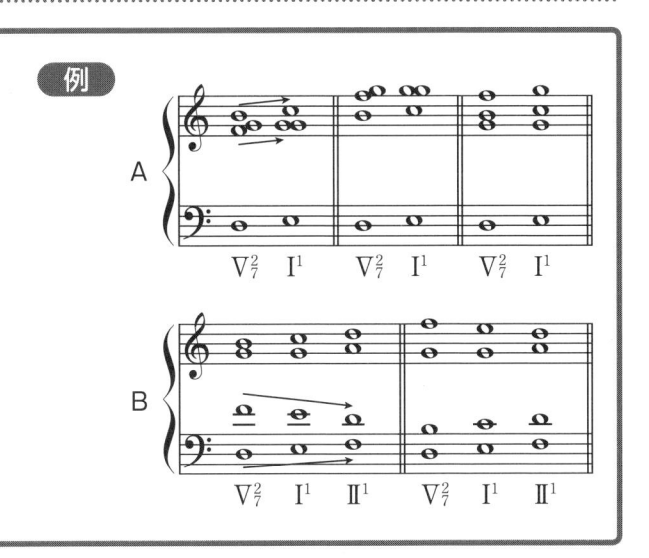

例

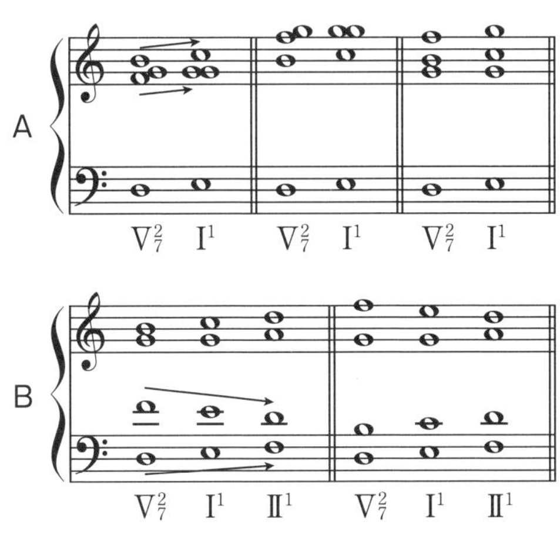

STEP 6 ロマンス ヘ長調

Lesson 1

1 I-V-V$^{3}_{7}$-I^{1} のカデンツを弾きましょう。下のカデンツは①嬰ヘ長調（Fis dur）、②嬰ヘ短調（fis moll）です。全調に移調し繰り返し練習しましょう。I への解決方法は自分で工夫してください。また、I-V の間に自分で考えたカデンツ（和音）を入れて弾いてみるとよいでしょう。

2 Lesson 1 のカデンツを分散和音に変奏して弾いてみましょう。

カデンツ　I-V-V$^{3}_{7}$-I^{1}

①
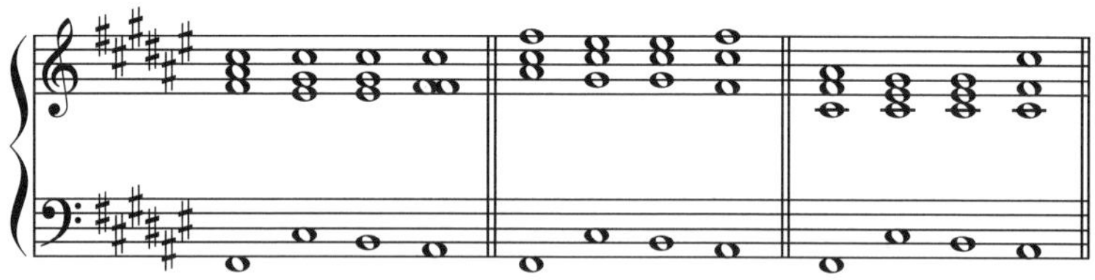

②
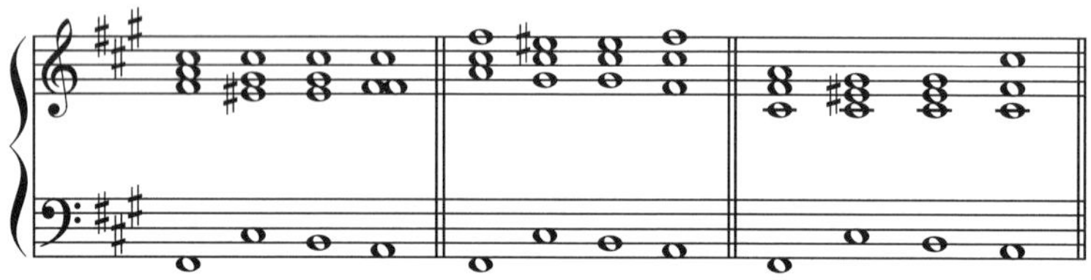

Lesson 2

1『ロマンスへ長調』のメロディーの下に和音記号を記入し、伴奏してみましょう。使う和音が指定されている箇所はその通りに弾いてください。

2 イギリス民謡のメロディーを歌いながら V$^{3}_{7}$ が使用できる箇所をさがし、伴奏をつけます。ニ長調で弾けるようになったら、全調に移調してみましょう。

『ロマンス ヘ長調』より

Adagio cantabile　　L.v. ベートーヴェン作曲

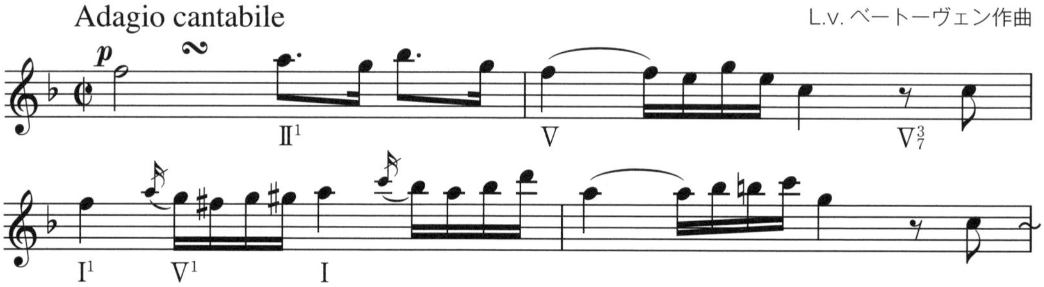

イギリス民謡

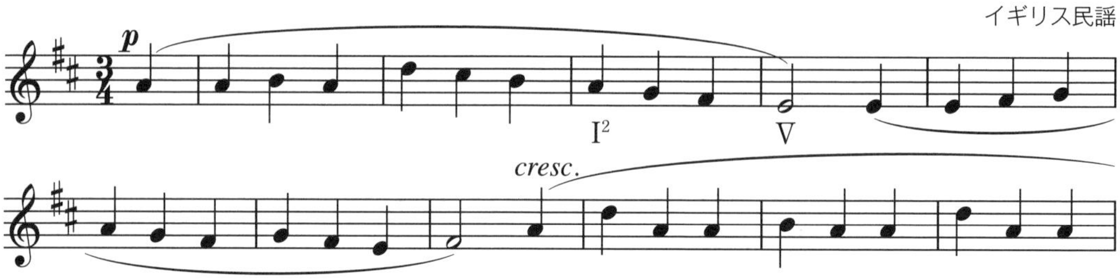

Lesson 3

〈自由な即興〉 ― 29 ―

「森の夜明け」

たくさんの木々、透き通った空気、青い湖、たくさんの鳥や獣たち。そんな森に今日も朝がやってきました真っ暗な森に朝日が昇り、鳥や獣たちが目を覚まし、活動していく様子を即興演奏しましょう。黒鍵や白鍵を、指、げんこつ、手のひらなどで自由に弾きながら表現してもよいでしょう。自分でメロディーを即興的につくり、これまでに学習した和音を使って伴奏してもよいでしょう。

Example

Lesson 2-**2** を完成させた例です。

イギリス民謡

Point! 属七の第三転回

V_7^3 → I^1 の進行では、上三声にある共通音を保留し、第3音を主音へ解決させるようにします。それ以外は譜例のようにいろいろな連結方法が可能です（例A-dの場合は、共通音を同声部に保留していませんが、和声学上許容範囲となっています）。

また、P.127のPointの中で説明されている V_7^2 の経過和音としての使用方法の連結で、II^1 の代わりに V_7^3 を使用することもできます（例B）。

例

A

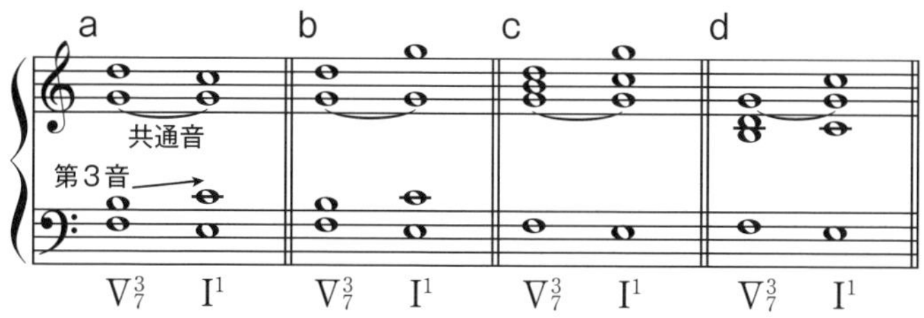

B

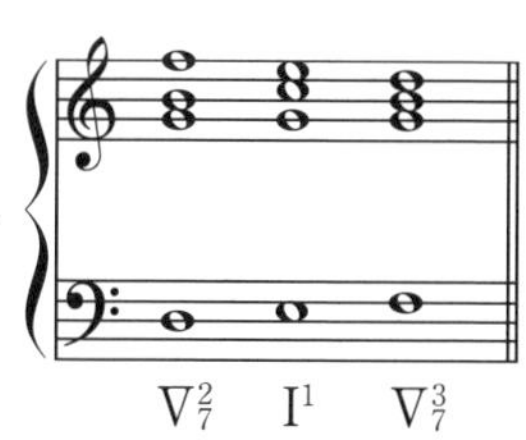

Scene 5 副三和音と借用和音

STEP 7 ガヴォット

Lesson 1

1 $\mathrm{I}-\mathrm{VI}^1-\overset{\vee}{\mathrm{V}}_7-\mathrm{V}$ のカデンツを弾きましょう。下のカデンツは①変ト長調（Ges dur）、②嬰へ短調（fis moll）です。全調に移調し繰り返し練習しましょう。I への解決方法は自分で工夫してください。

2 $\mathrm{I}-\mathrm{VI}^1-\overset{\vee}{\mathrm{V}}_7-\mathrm{V}$ のカデンツをもとに、ソプラノのメロディーをつくってみましょう。また、カデンツのリズム変奏を行いましょう。

カデンツ　$\mathrm{I}-\mathrm{VI}^1-\overset{\vee}{\mathrm{V}}_7-\mathrm{V}$

①
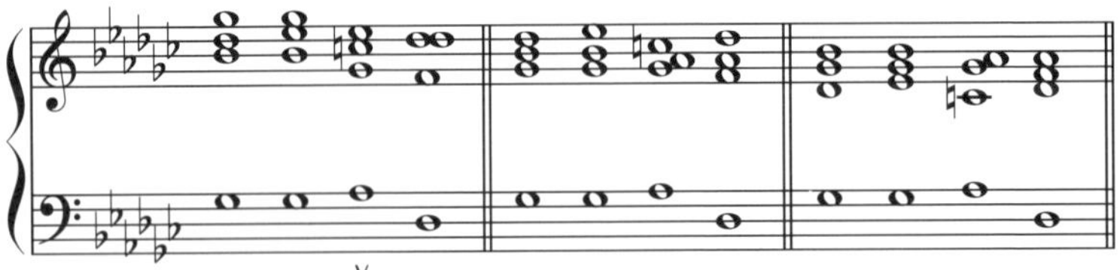

Ges：I　VI^1　$\overset{\vee}{\mathrm{V}}_7$　V

②
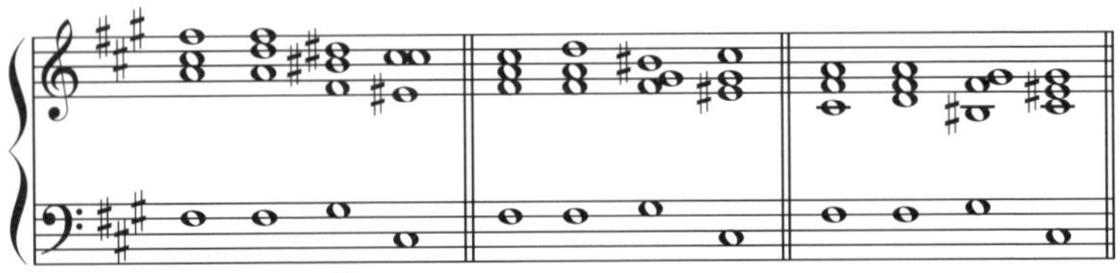

fis：I　VI^1　$\overset{\vee}{\mathrm{V}}_7$　V

Lesson 2

1『ガヴォット』のメロディーの下に和音記号を記入し、それに従って伴奏してみましょう。$\overset{\vee}{\mathrm{V}}_7$ を使う箇所がありますが、そのとき $\mathrm{VI}^1-\overset{\vee}{\mathrm{V}}_7$ と連結させて使用すると、メロディーとバスの音がよく響き合います。

2 オーストリア民謡のメロディーを歌いながら VI^1 と $\overset{\vee}{\mathrm{V}}_7$ が使用できる箇所をさがし、伴奏をつけます。イ長調で弾けるようになったら、全調に移調してみましょう。

『ガヴォット』より　　F.J. ゴセック作曲

オーストリア民謡

Lesson 3

〈自由な即興〉 − 30 −

「池」

池の中に石を投げて、波紋が広がる様子を手のひら、指、げんこつを使って表現してみましょう。大きな石、小さな石、重い石、軽い石など石の種類によって、投げる力、落ちる音、波紋の広がり方が違います。音の出し方をいろいろと工夫してみましょう。

Example

Lesson 2-**1** を完成させた例です。

『ガヴォット』より

F.J. ゴセック作曲

Point! 借用和音 $\overset{\vee}{\mathrm{V}}_7$

ある調の和音以外の和音を、一時的に借りて使用することを**借用和音**といいます。

● $\overset{\vee}{\mathrm{V}}_7$（五度の五度七の和音）

ある楽曲の調の Ⅴ の和音が主和音（Ⅰ の和音）であるときの属七の和音を$\overset{\vee}{\mathrm{V}}_7$の和音といいます。たとえば下の譜例のように、ハ長調の$\overset{\vee}{\mathrm{V}}_7$ の和音は、ハ長調における Ⅴ の和音（G・H・D）を主和音とし、さらにその主和音となった調（ト長調）の属七の和音（D・Fis・A・C）になります。そして、$\overset{\vee}{\mathrm{V}}_7$の和音は II_7 の第３音が半音上がった和音と同じで、Ⅱ の代わりに $\overset{\vee}{\mathrm{V}}_7$の和音を使用する場合もあり、Ⅱ → Ⅴ の進行を、$\overset{\vee}{\mathrm{V}}_7$ → Ⅴ や、Ⅱ →$\overset{\vee}{\mathrm{V}}_7$→ Ⅴ と連結させることができます。

また、$\overset{\vee}{\mathrm{V}}_7$ の和音は属和音のさらに属和音となり、Doppeldominante（〈独〉ドッペルドミナント）とも呼ばれ、和音記号を用いずに、Đ と記すこともあります。

例

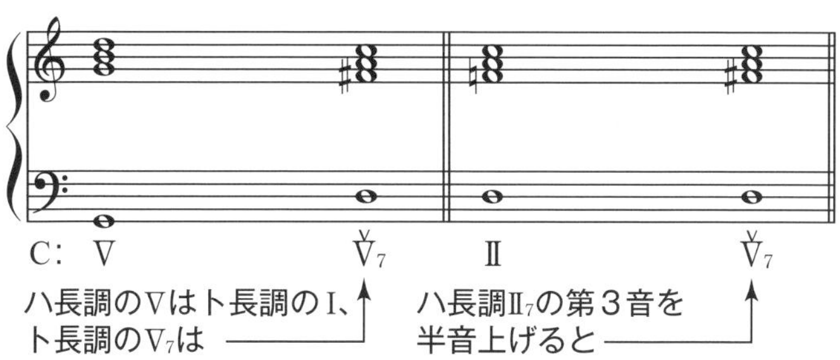

STEP 8 アヴェ マリア

Lesson 1

1 Ⅰ-Ⅴ-$\overset{\mathrm{IV}}{\mathrm{V}}{}^{1}_{7}$-Ⅳ のカデンツを弾きましょう。下のカデンツは①ハ長調（Cis dur）、②嬰ハ短調（cis moll）です。全調に移調し繰り返し練習しましょう。Ⅰ への解決方法は自分で工夫してください。

2 右手は Ⅰ-Ⅴ-$\overset{\mathrm{IV}}{\mathrm{V}}{}^{1}_{7}$-Ⅳ のカデンツをそのまま弾き、左手でバスのメロディーを工夫してつくってみましょう。また、$\overset{\mathrm{IV}}{\mathrm{V}}{}^{1}_{7}$ を用いた即興演奏も行ってみましょう。

カデンツ　Ⅰ-Ⅴ-$\overset{\mathrm{IV}}{\mathrm{V}}{}^{1}_{7}$-Ⅳ

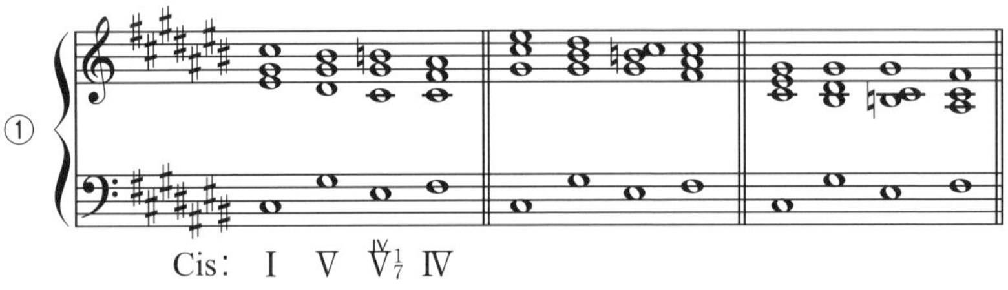

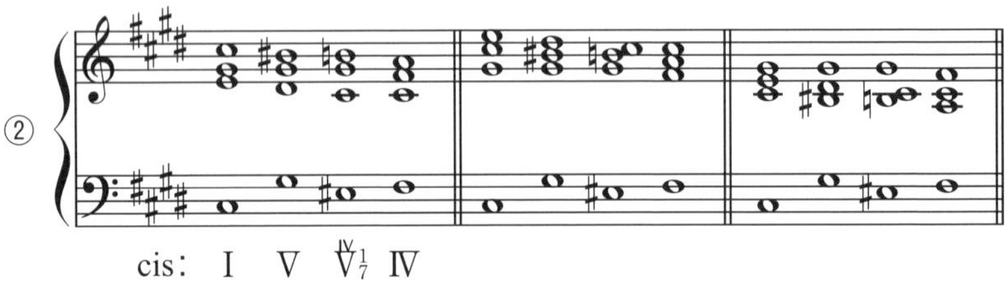

Lesson 2

1『アヴェ マリア』のメロディーの下に和音記号を記入し、それに従って伴奏してみましょう。使う和音が指定されている箇所はその通りに弾いてください。また、それ以外の和声進行が可能かどうかも試してみましょう。$\overset{\mathrm{IV}}{\mathrm{V}}{}^{1}_{7}$ が使用できる箇所がありますので、さがしてみましょう。

2 イギリス民謡のメロディーを歌いながら $\overset{\mathrm{IV}}{\mathrm{V}}_{7}$ が使用できる箇所をさがし、伴奏をつけます。ヘ長調で弾けるようになったら、全調に移調してみましょう。

『アヴェ マリア』より

J.F.F. ブルクミュラー作曲

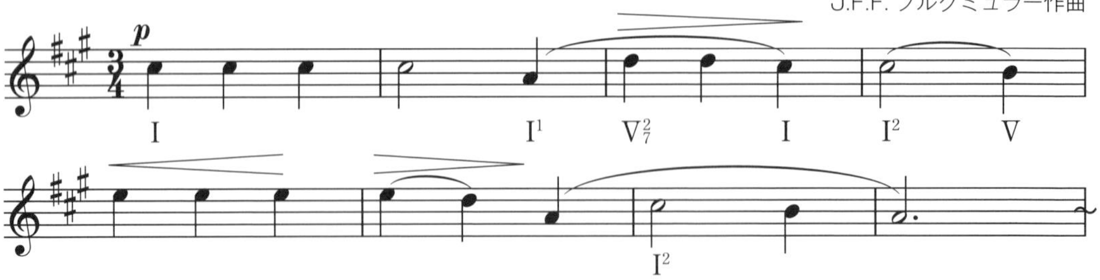

イギリス民謡

Lesson 3

〈自由な即興〉－ 31 －

「水族館の魚たち」

例に示したメロディー用全音音階の例と伴奏例を参考に、水族館にいる魚を表現しましょう。左手は、全音音階の速いパッセージでの伴奏を工夫し、水の動きを表します。右手は全音音階の音を選んで、いろいろな海の生物を表すメロディーをつくります。
メロディーと伴奏の音は、同じ番号同士のほうが合いますが、違う番号を組み合わせてみるとおもしろい表現になるかもしれません。
この例のほかにも、いろいろな方法を考えてみてください。

例 メロディー用全音音階の例

伴奏例

Example

Lesson 2-**1** を完成させた例です。

『アヴェ マリア』より

J.F.F. ブルクミュラー作曲

Point! 借用和音 $\overset{IV}{V}_7$

● $\overset{IV}{V}_7$（四度の五度七の和音）

ある楽曲の調の Ⅳ の和音が主和音であるときの属七の和音を$\overset{IV}{V}_7$の和音といいます。借用和音の中ではあまり使用されませんが、楽曲の盛り上がり部分で使用すると、非常に明るくきらびやかな感じになります。

また、$\overset{IV}{V}_7$の和音は I_7 の和音と同じなので、I の代わりに、$\overset{IV}{V}_7$の和音を使用する場合もあり、I → Ⅳ の進行を$\overset{IV}{V}_7$→ Ⅳ、I →$\overset{IV}{V}_7$→ Ⅳ と連結させることができます。

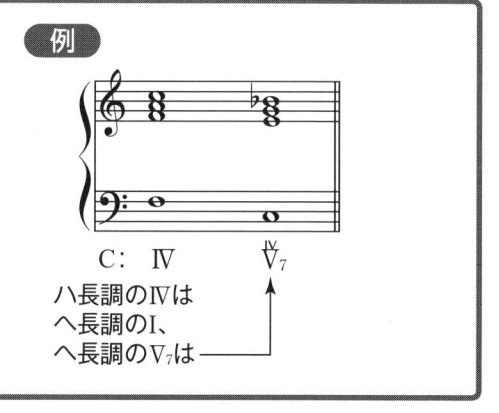

例

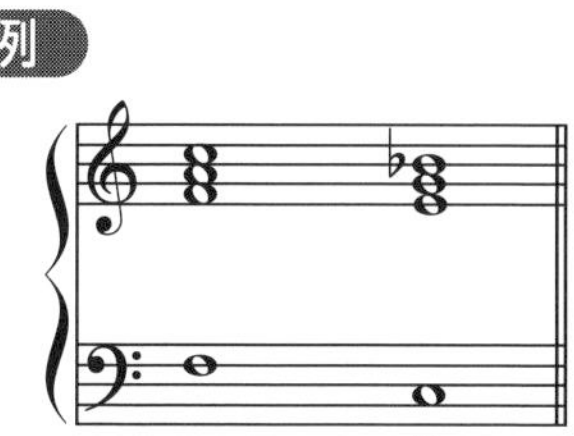

STEP 9 軍隊行進曲

Lesson 1

1 I－$\overset{\mathrm{II}}{\mathrm{V}}{}^{1}_{7}$－II のカデンツを弾きましょう。下のカデンツは変ハ長調（Ces dur）です。全調に移調し繰り返し練習しましょう。I への解決方法は自分で工夫してください。

2 $\overset{\mathrm{II}}{\mathrm{V}}{}^{1}_{7}$ のカデンツを使った自由な即興演奏も行ってみましょう。

カデンツ　I－$\overset{\mathrm{II}}{\mathrm{V}}{}^{1}_{7}$－II

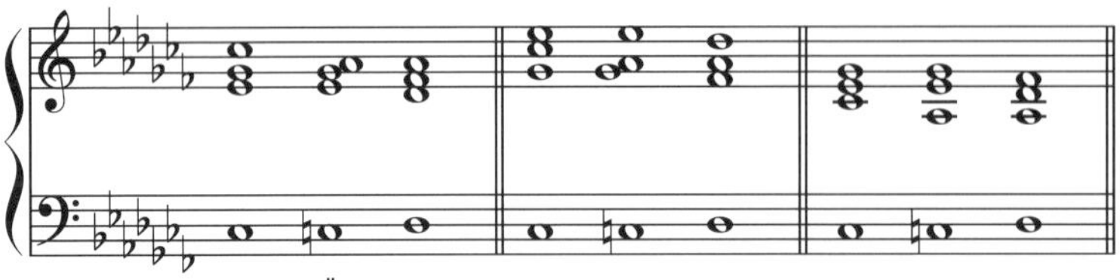

Lesson 2

1『軍隊行進曲』のメロディーの下に和音記号を記入し、それに従って伴奏してみましょう。使う和音が指定されている箇所は、その通りに弾いてください。$\overset{\mathrm{II}}{\mathrm{V}}{}^{1}_{7}$ を使うところが2箇所ありますので、さがしてみましょう。

2 イギリス民謡のメロディーを歌いながら $\overset{\mathrm{V}}{\mathrm{V}}_{7}$ が使用できる箇所をさがし、伴奏をつけます。イ長調で弾けるようになったら、全調に移調してみましょう。

『軍隊行進曲』より

F.P. シューベルト作曲

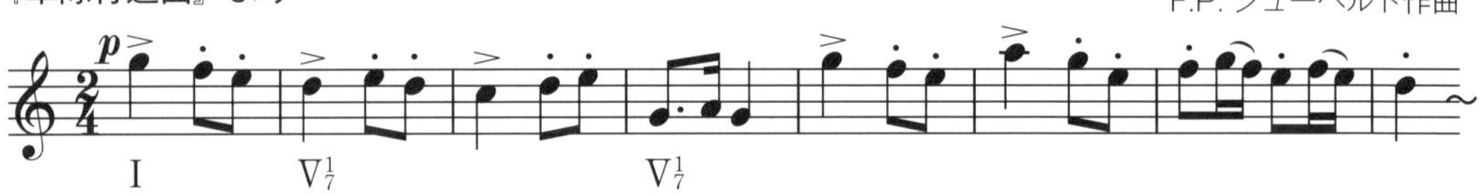

イギリス民謡

Lesson 3

〈自由な即興〉－32－

「疲労、失望、希望、願望」

STEP 4の Lesson 3（P.124）では、いろいろな感情の動きを、げんこつやひじで表現しましたが、ここではこれまでに学習した和音の連結方法を使用してメロディーをつくり、人の心の動きを表現してみましょう。

これまでに学習した和音

I　I^{1}　I^{2}
II　II^{1}
III　III^{1}
IV　IV^{1}　IV^{2}
V　V^{1}　V_{7}　V^{1}_{7}　V^{2}_{7}　V^{3}_{7}
VI　VI^{1}
$\overset{\mathrm{V}}{\mathrm{V}}_{7}$　$\overset{\mathrm{IV}}{\mathrm{V}}_{7}$　$\overset{\mathrm{II}}{\mathrm{V}}{}^{1}_{7}$

Example

『ピアノソナタ』第８番　悲愴　第２楽章（Op.13）より

L.v. ベートーヴェン作曲

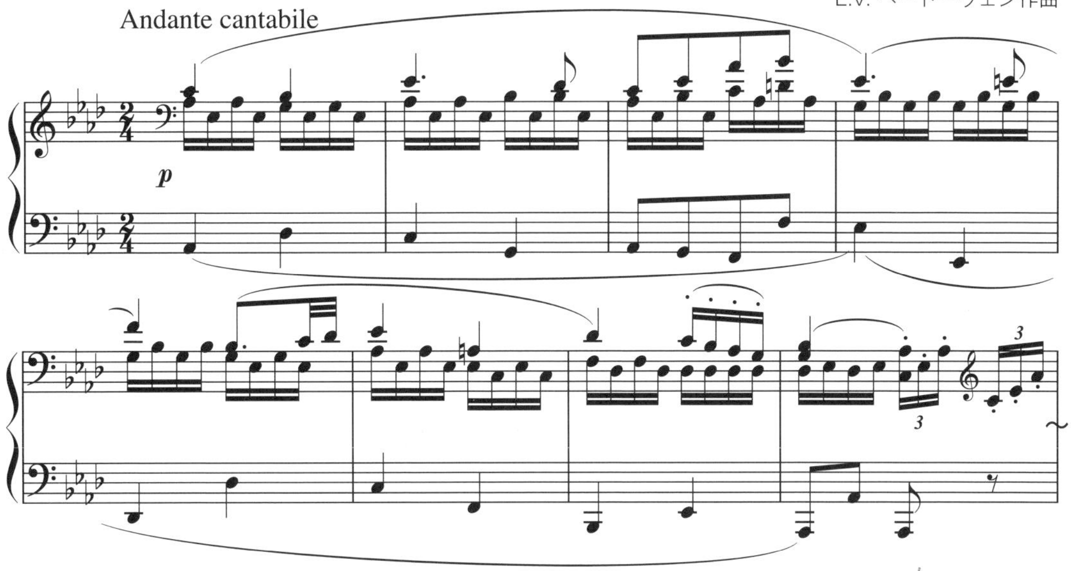

この曲例は $\overset{\Downarrow}{V}_7$ がごく自然に使用され、しかも感情が大きく揺り動かされているような、メロディーと和音の連結でできています。Lesson ２の曲の例ではありませんが、何回も演奏しながら、ベートーヴェンのロマンティックな心を味わってください。そして、$\overset{\Downarrow}{V}_7$ がどこで使用されているのか考えてみましょう。

また、VII^2_7 は音階の導音上の七の和音の第二転回。$\frac{V_7}{I}$ は主音上の Ⅴ といい、次の Ⅰ といっしょに用いられ、この時代の楽曲には、しばしばバスの主音の上に V_7、$\not{V}_7$、$\not{V}_9$（P.141 の Point 参照）などの和音を重ねた形が現れます。

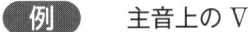

例　主音上の Ⅴ

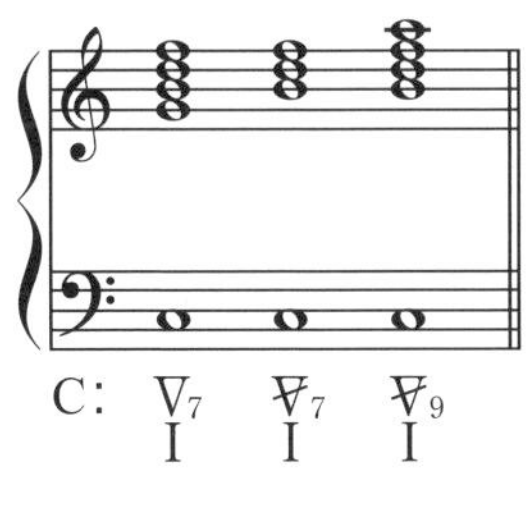

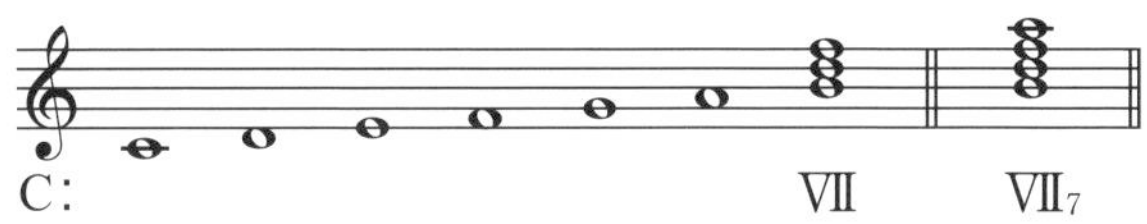

Point!　借用和音 $\overset{\Downarrow}{V}_7$

● $\overset{\Downarrow}{V}_7$（二度の五度七の和音）

ある楽曲の調の Ⅱ の和音が主和音であるときの属七の和音を $\overset{\Downarrow}{V}_7$ の和音といいます。この和音は $\overset{\downarrow}{V}_7$ とともによく使用され、とくに Ⅵ → Ⅱ の連結のときに、Ⅵ を $\overset{\Downarrow}{V}_7$ に変化させて使用します。

また、基本位置よりも第一転回のほうがバスの進行を半音階的にするため、楽曲の緊張を高める役割があります。

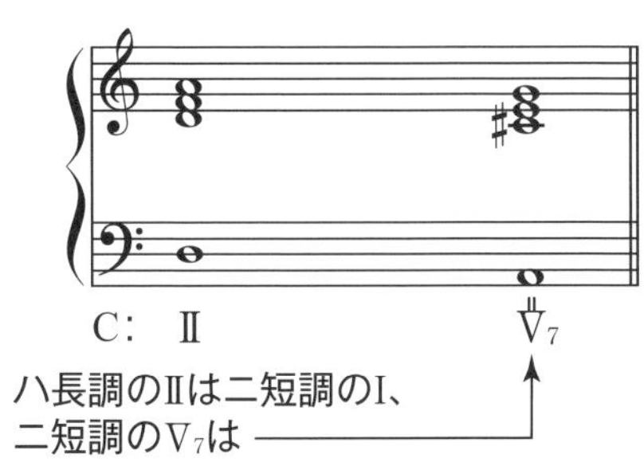

STEP 10 ベートーヴェンのソナタⅠ

Lesson 1

1 I-$\overset{\mathrm{VI}}{\mathrm{V}}{}^{2}_{7}$-Ⅵ-Ⅳ-Ⅴ のカデンツを弾きましょう。下のカデンツはハ長調（C dur）です。全調に移調し繰り返し練習しましょう。Ⅰへの解決方法は自分で工夫してください。

2 I-$\overset{\mathrm{VI}}{\mathrm{V}}{}^{2}_{7}$-Ⅵ-Ⅳ-Ⅴ のカデンツを分散和音に変奏して弾いてみましょう。

カデンツ　I-$\overset{\mathrm{VI}}{\mathrm{V}}{}^{2}_{7}$-Ⅵ-Ⅳ-Ⅴ

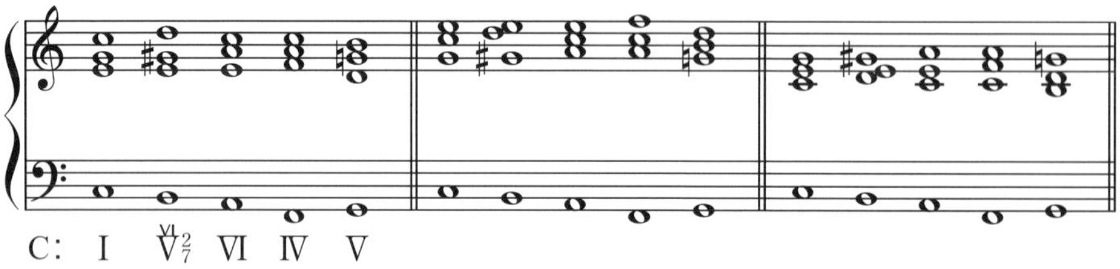

Lesson 2

1『ピアノソナタ』のメロディーの下に和音記号を記入し、それに従って伴奏してみましょう。この課題のメロディーは、途中からまだ練習していない和音が出てくるので、その箇所は二段譜になっています。その伴奏型で最初から弾けるようにしましょう。$\overset{\mathrm{VI}}{\mathrm{V}}{}^{2}_{7}$ を使用できるところが１箇所あります。

2『アニーローリー』のメロディーを歌いながら $\overset{\mathrm{VI}}{\mathrm{V}}{}^{2}_{7}$ が使用できる箇所をさがし、伴奏をつけます。他にもこれまでに学習した借用和音が使えるところがあります。ハ長調で弾けるようになったら、全調に移調してみましょう。

『ピアノソナタ』第10番　第2楽章（Op.14-2）より

L.v. ベートーヴェン作曲

『アニーローリー』

L.J. スコット作曲

Lesson 3

〈自由な即興〉 － 33 －

「荒野を走る SL」

荒野を力強く走る機関車というテーマで、下の伴奏例を参考に即興演奏してみましょう。

伴奏例

Example

Lesson 2-**2** を完成させた例です。

『アニーローリー』

L.J. スコット作曲

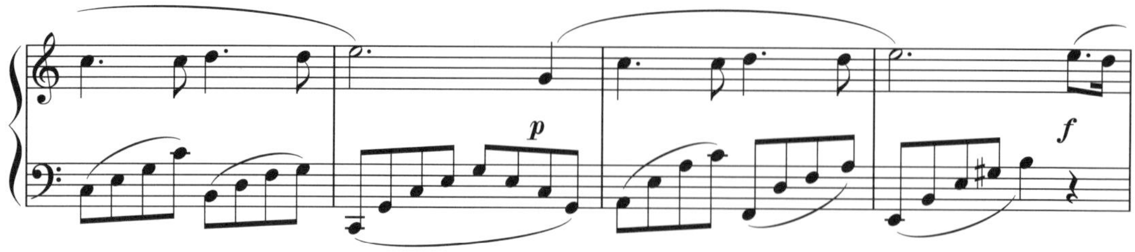

Point! 借用和音 $\overset{\text{VI}}{\text{V}}_7$

● $\overset{\text{VI}}{\text{V}}_7$（六度の五度七の和音）

ある楽曲の調の Ⅵ の和音が主和音であるときの属七の和音を $\overset{\text{VI}}{\text{V}}_7$ の和音といいます。この和音は、Ⅲ → Ⅵ の連結のときに、Ⅲ を $\overset{\text{VI}}{\text{V}}_7$ に変化させて使用します（例 A）。

また例 B にもあるように、P.135 の Point で学習した $\overset{\text{II}}{\text{V}}_7$ と連結させて使用する楽曲も多くみられます。

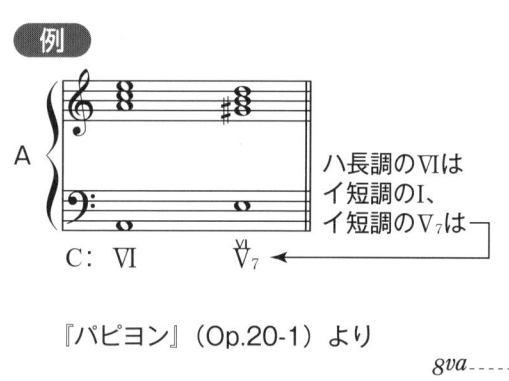

例

A

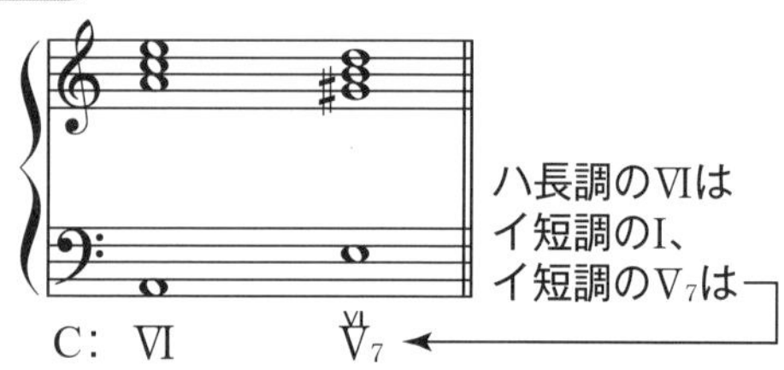

B

『パピヨン』（Op.20-1）より

R. シューマン作曲

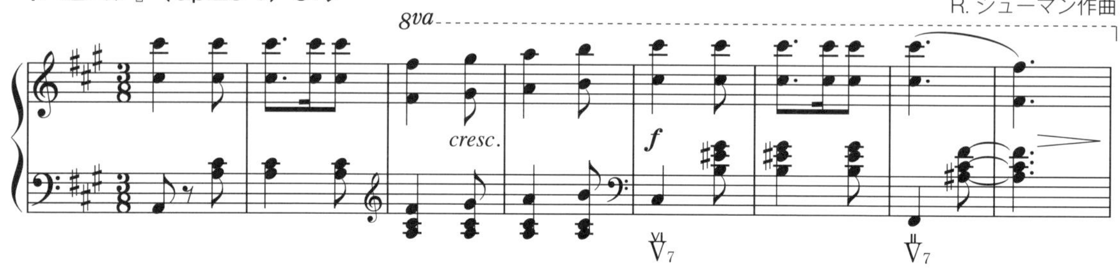

STEP 11 ベートーヴェンのソナタⅡ

Lesson 1

1 このScene 5で学んだ和音のまとめです。I－V_7－I－$\overset{\Vert}{\mathrm{V}}_7$－$\mathrm{II}$－$\overset{\Vert\!|}{\mathrm{V}}_7$－$\mathrm{III}$－$\mathrm{V}_7^2$のカデンツを弾きましょう。下のカデンツはト長調（G dur）です。全調に移調し繰り返し練習しましょう。Iへの解決方法は自分で工夫してください。

2 I－V_7－I－$\overset{\Vert}{\mathrm{V}}_7$－$\mathrm{II}$－$\overset{\Vert\!|}{\mathrm{V}}_7$－$\mathrm{III}$－$\mathrm{V}_7^2$のカデンツをもとに、ソプラノのメロディーをつくってみましょう。また、カデンツのリズム変奏を行いましょう。

カデンツ　I－V_7－I－$\overset{\Vert}{\mathrm{V}}_7$－$\mathrm{II}$－$\overset{\Vert\!|}{\mathrm{V}}_7$－$\mathrm{III}$－$\mathrm{V}_7^2$

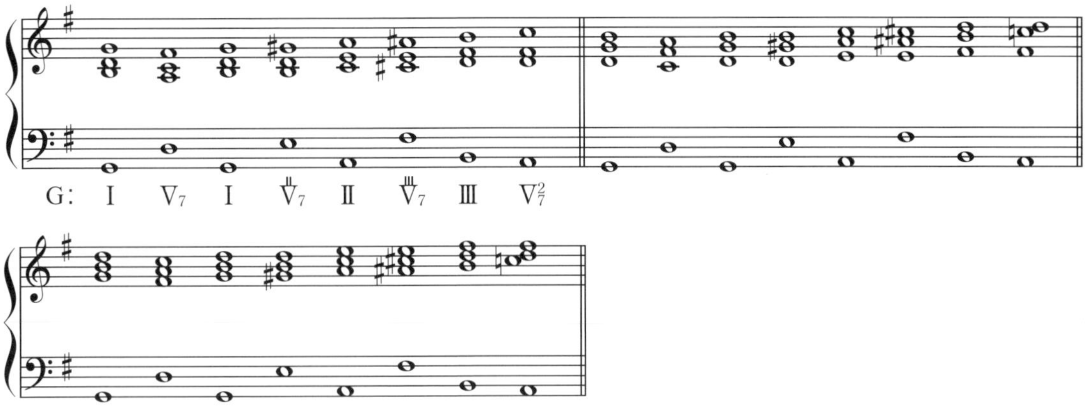

Lesson 2

『ピアノソナタ』のメロディーの下に和音記号を記入し、それに従って伴奏してみましょう。この曲のメロディーは、P.136のLesson 2-**1**の続きです。伴奏型はSTEP10と同じように弾いてください。使う和音が指定されている箇所はその通りに弾いてください。また、○のついた音は非和声音として処理し、11小節目の1拍目はCの音がない和音ですが、$\frac{\mathrm{V}_7}{\mathrm{I}}$を使ってバスにCの音を入れてください。$\mathrm{V}_9^1$、$\overset{\Vert}{\mathrm{V}}_9^2$についてはPointを参照してください。

『ピアノソナタ』第10番　第2楽章（Op.14-2）より

L.v.ベートーヴェン作曲

Lesson 3

〈自由な即興〉－ 34 －

「いろいろな歩き方」

人間は人によって歩き方が違えば、同じ人でもそのときの身体の調子、精神的な要因、感情の動きによって、歩き方が変わってきます。そこで人間のいろいろな歩き方を、下の例を参考にして、げんこつ、指、手のひらなどで即興演奏してみましょう。

例

- ・山登り
- ・よっぱらい
- ・捻挫をしているのに無理に歩く
- ・景色を眺めながらゆっくり歩く
- ・待ち合わせの時間に遅れそうで急いで歩く
- ・真夏の陽に焼けた砂浜の上を素足で歩く

Example

Lesson 2を完成させた例です。

『ピアノソナタ』第10番　第2楽章（Op.14-2）より

L.v. ベートーヴェン作曲

Point! 借用和音 $\overset{\mathrm{III}}{\mathrm{V}}_7$、$\overset{\mathrm{V}}{\not\mathrm{V}}_9$、$\overset{\mathrm{II}}{\not\mathrm{V}}_9$

● $\overset{\mathrm{III}}{\mathrm{V}}_7$（三度の五度七の和音）

ある楽曲の調の Ⅲ の和音が主和音であるときの属七の和音を $\overset{\mathrm{III}}{\mathrm{V}}_7$ の和音といいます（例 A）。

● $\overset{\mathrm{V}}{\not\mathrm{V}}_9$（五度の五度九の根音省略）

9の和音とは、7の和音の根音から数えて9度の音を加えた和音で、$\overset{\mathrm{V}}{\mathrm{V}}_9$ の場合は、ある楽曲の調の属和音が主和音であるときの属九（ぞくく）の和音になります（例 B）。

また、9の和音は構成音が5つになるため、和声学では通常、第5音か、根音を省略して用います。第5音を省略したときの和音記号は、V_9 とそのまま書きますが、根音を省略した場合は $\not\mathrm{V}_9$ と書きます。したがって五度の五度九の根音省略の場合は $\overset{\mathrm{V}}{\not\mathrm{V}}_9$ となります。

さらに、長調での V_9 は、第3音と第9音の間はできるだけ7度以上空けたほうがよいでしょう。ただし、短調の場合は例外もあります。これは、$\overset{\mathrm{V}}{\mathrm{V}}_9$、$\not\mathrm{V}_9$、$\overset{\mathrm{V}}{\not\mathrm{V}}_9$ においても同様です（例 C・D）。

● $\overset{\mathrm{II}}{\not\mathrm{V}}_9$（二度の五度九の根音省略）

P.134（Scene5 STEP9）で学習した $\overset{\mathrm{II}}{\mathrm{V}}_7$ の根音から数えて9度の音を加えた和音です。$\not\mathrm{V}_9$ や $\overset{\mathrm{V}}{\not\mathrm{V}}_9$ の和音と省略の方法や配置の定義は同じです。

例

STEP 1 JOY TO THE WORLD

Lesson 1

『JOY TO THE WORLD』のメロディーに**コード・ネーム**のハーモニーをつけて、伴奏してみましょう。C/E は、C のコードでベースが E ということです。つまり、I の第一転回になります。同様に Dm/F はⅡの第一転回、C/G は I の第二転回です。

『JOY TO THE WORLD』　　L. メーソン作曲

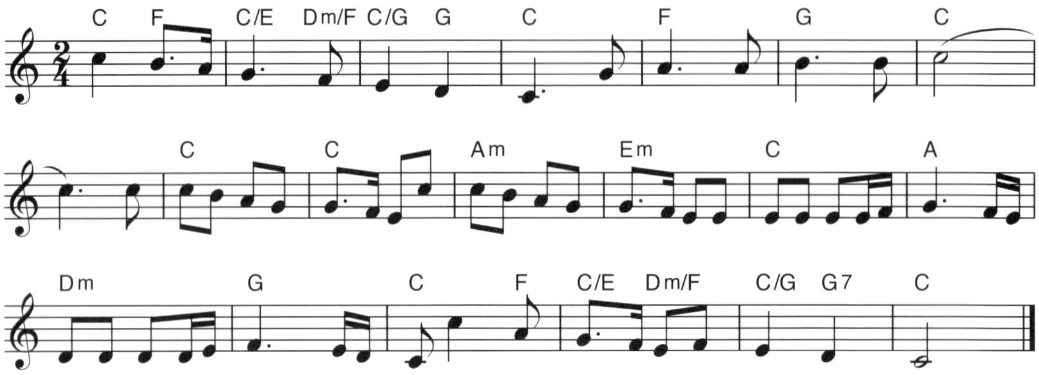

Lesson 2

次のコード・ネームのハーモニーを伴奏して、これに合ったメロディーを即興的につくって弾いてみましょう。伴奏型はメロディーのイメージによって工夫してください。

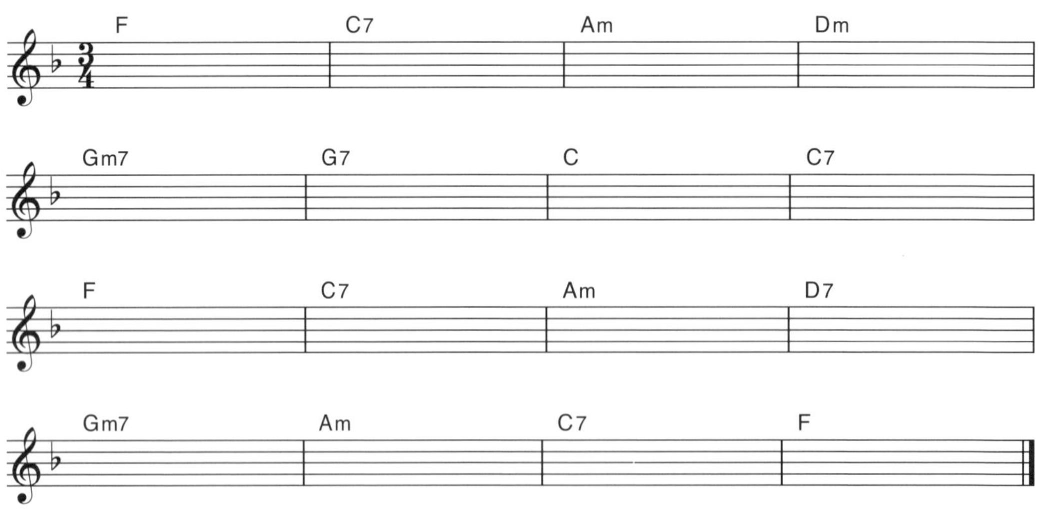

Example Lesson 2を完成させた例です。

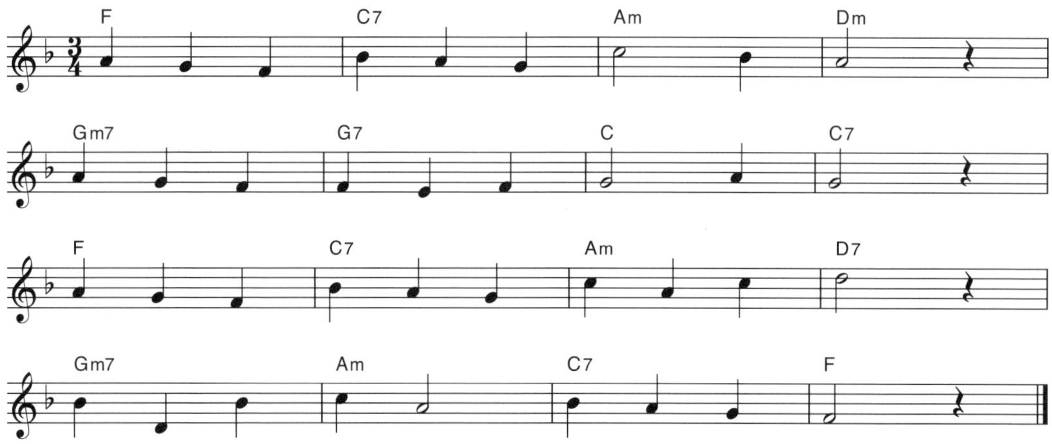

Point! メジャーコード、マイナーコード、7th コード

ジャズやロック、ポピュラー音楽では、和音記号を用いる代わりに、**コード・ネーム**を使用します。ハ長調のⅠの和音はCという記号で「シー・メジャー」と読み、①の長三和音を表します。

ハ長調のⅡの和音はDmという記号で「ディー・マイナー」と読み、②の短三和音を表します。

さらに記号の右に7がつくと、記号の音から短7度上にもう1つ音を加えます。たとえば、ハ長調のV_7の和音はG7という記号で「ジー・セブンス」と読み、G（ソ）から数えて短7度上にF（ファ）が加えられ③となります。

コード・ネームの記号は基本的にベースの音を英語名で表し、その音から3度ずつ重ねていけばハーモニーを弾くことができます。（三和音と七の和音については、P.72、P.93のPoint参照）

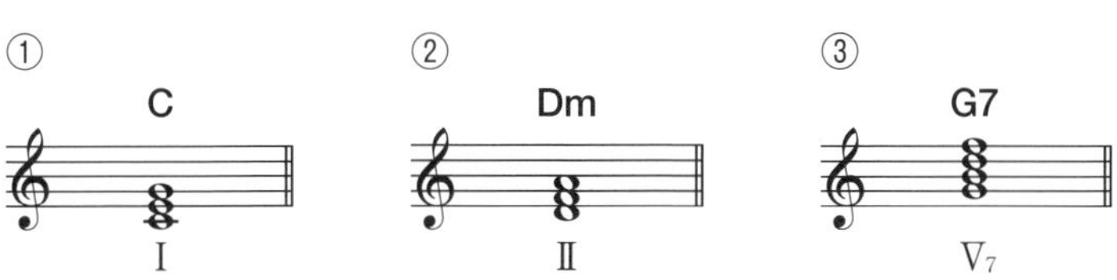

STEP 2 むすんでひらいてⅡ

Lesson 1

『むすんでひらいて』のメロディーにコード・ネームのハーモニーをつけて、伴奏してみましょう。Caug や Cdim7 については Point を参照してください。いろいろな伴奏型を考えて弾きましょう。曲の感じが変わります。

『むすんでひらいて』　　ジャン=ジャック・ルソー作曲

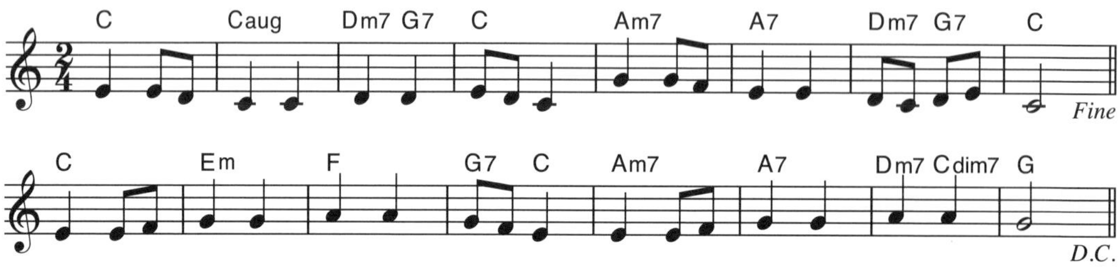

Lesson 2

次のコード・ネームのハーモニーを伴奏して、これに合ったメロディーを即興的につくって弾いてみましょう。伴奏型はメロディーのイメージによって工夫してください。

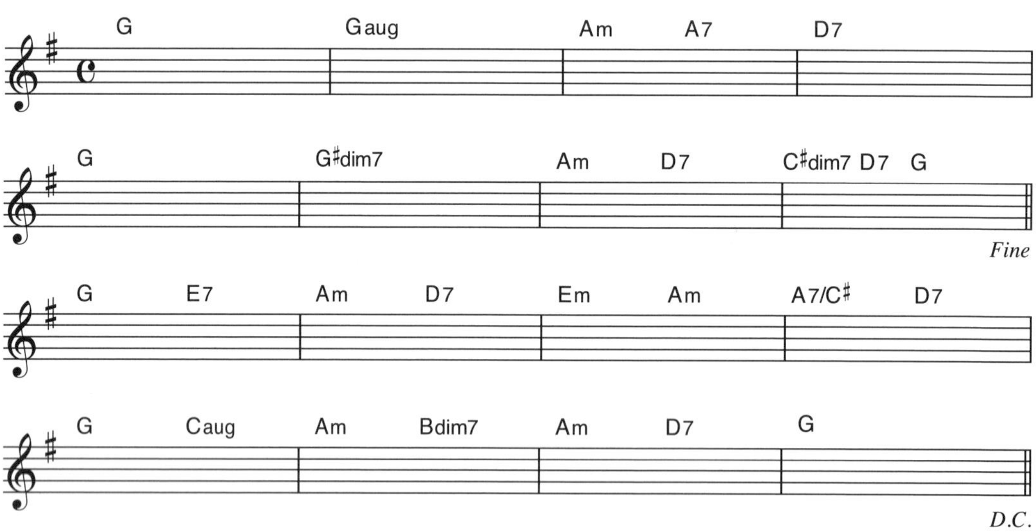

Example

Lesson 2を完成させた例です。

Point! オーギュメント・トライアード、ディミニッシュ・トライアード

オーギュメント・トライアード（augmented triad）は、**増三和音**のことで、ディミニッシュ・トライアード（diminished triad）は、**減三和音**のことです。記号の表し方は数種類あり、オーギュメントはCコードならC+、Caug、CAug、C+5。ディミニッシュはC○、Cdimと表します。ディミニッシュは、7thを加えることが多く、C○7、Cdim7と表し、「シー・ディミニッシュ・セブンス」と読みます。（増三和音と減三和音については、P.72のPoint参照）

※ディミニッシュのみBes（シ♭♭）を異名同音のA（ラ）に書き換えることもできます。

STEP 3 ステンカラージン

Lesson 1

『ステンカラージン』のメロディーにコード・ネームのハーモニーをつけて、伴奏してみましょう。**6th コード**については Point を参照してください。曲の感じにふさわしいと思う伴奏型を考えてください。

『ステンカラージン』

ロシア民謡

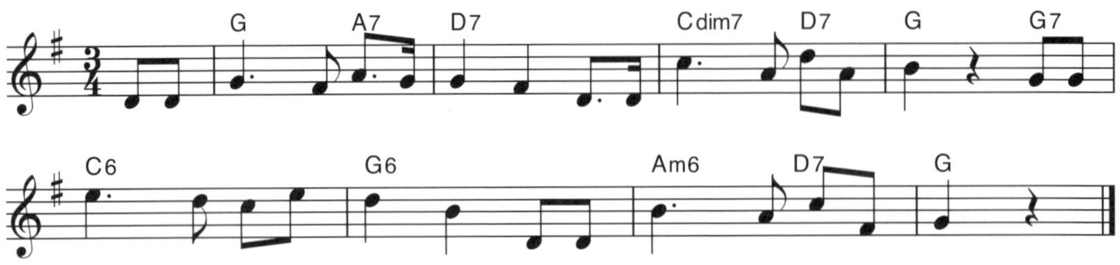

Lesson 2

次のメロディーにコード・ネームをつけて伴奏してみましょう。
6th コードも使ってみましょう。伴奏型はメロディーのイメージによって工夫してください。

スコットランド民謡

Example

Lesson 2 を完成させた例です。

スコットランド民謡

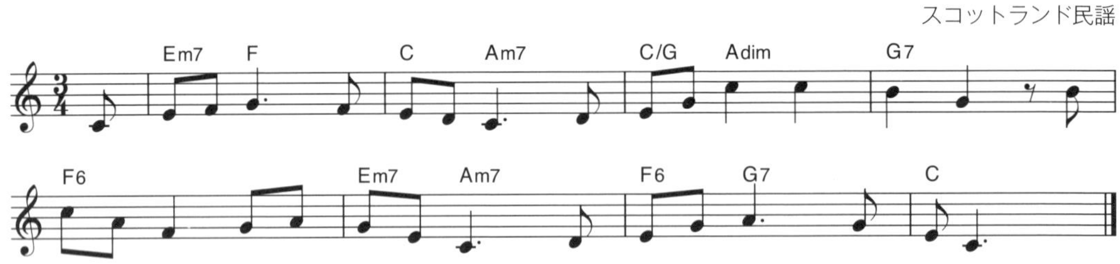

Point! 6th コード

6th コードとは、コード記号の音から長 6 度上にもう 1 つ音を加えたものでCコードならC6と表し、「シー・シックス」と読みます。メジャーコード、マイナーコードの三和音に使われます。

いろいろな長三和音や短三和音を弾き、6 の音をそのあとに付け加えて、6th の響きを味わってみましょう。

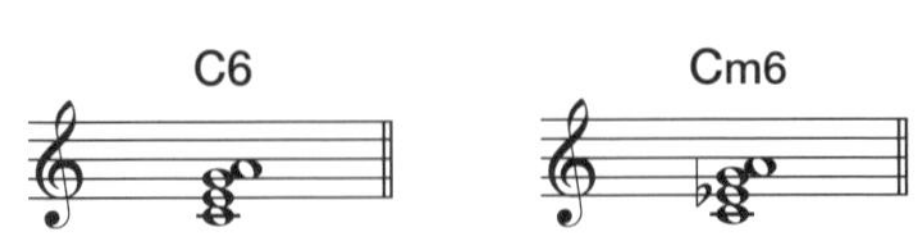

STEP 4 わかれⅡ

Lesson 1

『わかれ』のメロディーにコード・ネームのハーモニーをつけて、伴奏してみましょう。**9th コード**や **11th コード**については Point を参照してください。曲の感じにふさわしいと思う伴奏型を考えてください。

『わかれ』　　ドイツ民謡

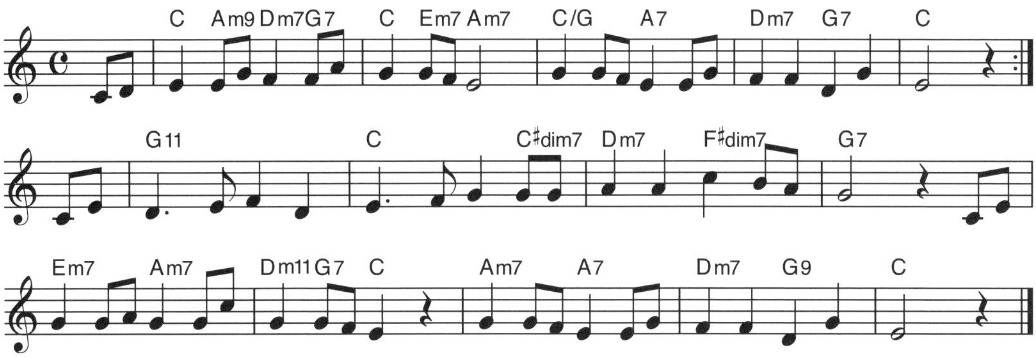

Lesson 2

『星かげさやかに』のメロディーにコード・ネームをつけて伴奏してみましょう。9th コードや 11th コードも使ってみましょう。伴奏型はメロディーのイメージによって工夫してください。

『星かげさやかに』　　フランス民謡

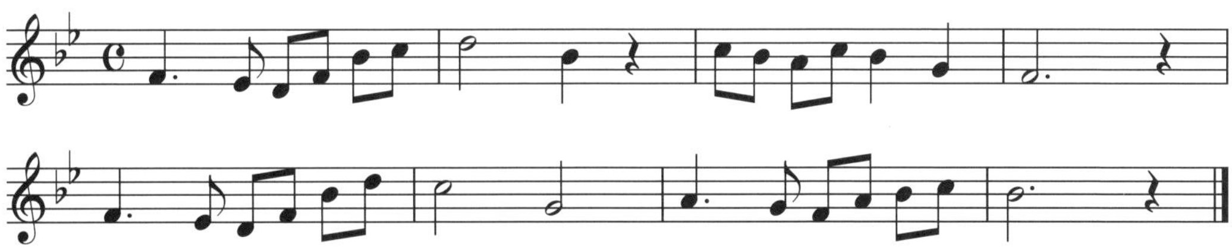

Example

Lesson 2を完成させた例です。

『星かげさやかに』　　フランス民謡

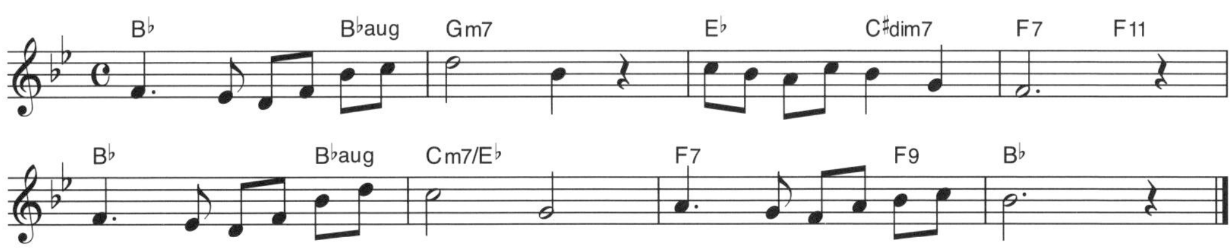

Point! 9th コード、11th コード

9th コードとは、コード記号の音から長９度上にもう１つ音を加えたものでＣコードならC9と表し、「シー・ナインス」と読み、7th の音からさらに長３度上に重ねて使われることが多く、11th と同じくテンション・コードとも呼ばれます。

11th コードとは、コード記号の音から完全 11 度上にもう１つ音を加えたものでＣコードならC11と表し、「シー・イレブンス」と読み、9th の音からさらに短３度上に重ねて使われることがほとんどです。また、音の数が多いので例のように第３音や第５音を省略して演奏されることもあります。

例

6 コード・ネーム

STEP 5 ラグタイム

Lesson 1

『Rainy Days Rag』を弾いて、コード・ネームを記入してみましょう。

『Rainy Days Rag』

A. Sugimoto 作曲

Lesson 2

次のコード・ネームにしたがって、Rag Time を即興演奏してみましょう。伴奏型は、Lesson 1 や Example の伴奏を参考に、ベース・ラインを工夫しましょう。

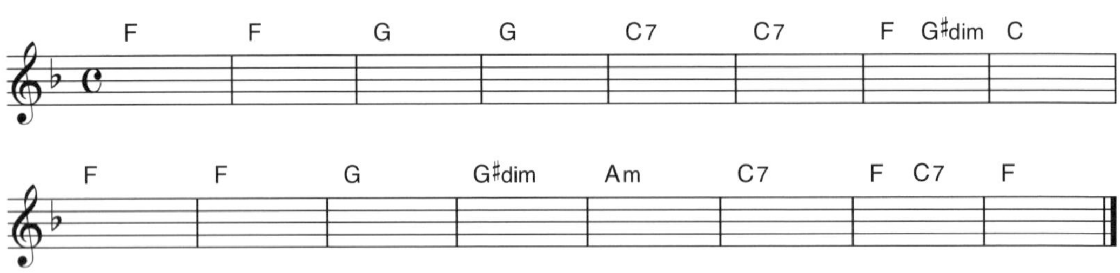

Example　Lesson 2を完成させた例です。

『Fine Days Rag』　　A. Sugimoto 作曲

Point!　Rag Time

1890年代にスコット・ジョプリンを中心に、黒人のピアニストによって考え出されたピアノ演奏スタイルです。シンコペーション*をきかせた$\frac{4}{4}$拍子の速いリズムスタイルが、ポピュラー・ソングやジャズ・バンドの演奏に大きな影響を与えました。有名な曲に、ジョプリンの「Maple Leaf Rag」、トム・ターピンの「Harlem Rag」などがあります。ぜひ楽譜を入手して弾いてみてください。

＊シンコペーション… 強拍と弱拍の位置を本来の場所からずらしてリズムに変化を与えること。弱拍のところに強いアクセントが置かれる。

Scene 7 いろいろな旋法と音階

STEP 1 ドリア旋法・フリギア旋法

中世ヨーロッパ（５世紀頃～ 15 世紀頃）の音楽で、とくにグレゴリオ聖歌に用いられた音階を教会旋法といいます。ドリア旋法、フリギア旋法、リディア旋法、ミクソリディア旋法の４種に大別され、旋律を構成している音階によって、全音と半音の位置が違うために、音楽に微妙な変化をもたらします。STEP １～３では代表的な旋法を学びます。

Lesson 1

1 レから始まる**ドリア旋法**を使った『Eanach Dhúin』のメロディーを歌ったり、弾いてみましょう。

2 右のドリア旋法とオスティナート伴奏を使って、『かけっこ』というテーマで即興演奏してみましょう。

※終止音は、その旋法の特色を決定する音です。支配音は、副次終止音とも呼ばれ、メロディーを特徴づける働きがあります。

ドリア旋法

伴奏型

『Eanach Dhúin』（アナハ・クアン）

アイルランド民謡

Lesson 2

1 ミから始まる**フリギア旋法**を使った『Der gefangene Hans』のメロディーを歌ったり、弾いてみましょう。

2 フリギア旋法を使って、『おばあさんの子守歌』というテーマで即興演奏してみましょう。伴奏型はテーマにあったものを考え、工夫しましょう。

フリギア旋法

『Der gefangene Hans』（捕虜ハンス）

ドイツ民謡

Example Lesson 1-**2** を完成させた例です。

『かけっこ』

A. Sugimoto 作曲

Lesson 2-**2** を完成させた例です。

『おばあさんの子守歌』

A. Sugimoto 作曲

STEP 2 リディア旋法・ミクソリディア旋法

Lesson 1

1 ファから始まる**リディア旋法**を使った『Religious Song』のメロディーを歌ったり、弾いてみましょう。

2 リディア旋法を使って、4分の4拍子16小節のメロディーを、𝅗𝅥のみで即興演奏します。いろいろなメロディーが即興できるようになったら、四声帯の合唱曲のようにハーモニーをつけましょう。

リディア旋法

『Religious Song』（宗教歌）　　シチリア民謡

Lesson 2

1 **ミクソリディア**旋法は**ソ**から始まる音階を使いますが、『Molly Nag Cuach Ni Chuileannáin』は**ファ**から始まるミクソリディア旋法でつくられています。このように、旋法は音階の音程関係をそのままにして、主音を別の音で演奏することも可能です。この曲のメロディーを歌ったり、弾いてみましょう。

2 ミクソリディア旋法を使って、『風』というテーマで自由に即興演奏しましょう。

ミクソリディア旋法

『Molly Nag Cuach Ni Chuileannáin』　　アイルランド民謡

Example

Lesson 1 - **2** を完成させた例です。

『コラール』　　A. Sugimoto 作曲

Lesson 2 - **2** を完成させた例です。

『風』　　A. Sugimoto 作曲

STEP 3 エオリア旋法・ロクリア旋法

Lesson 1

1 ラから始まる**エオリア旋法**を使った『J'ai vu le Loup, le Renard, le Lièvre』のメロディーを歌ったり、弾いてみましょう。

2 エオリア旋法を使って、『ゆりかご』というテーマで自由に即興演奏しましょう。

エオリア旋法

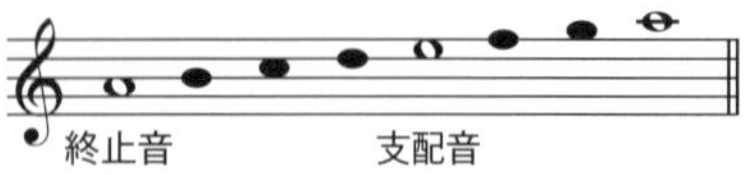

※ 現在使われている自然短音階と同じです。

『J'ai vu le Loup, le Renard, le Lièvre』（私はオオカミとキツネと野ウサギを見た）

フランス民謡

Lesson 2

シから始まる**ロクリア旋法**を使った『ふしぎ』という曲を弾いて、ロクリア旋法が持つ不安定な響きを味わってください。

ロクリア旋法

※ **シ**から始まるロクリア旋法は主音と第５音の関係が減５度になるので終止感が得られず、厳密には教会旋法としては扱われません。しかし、ジャズなどの音楽では表現の一部として取り上げられることもあるので、実際にロクリア旋法の曲を弾いて雰囲気の違いを感じてみてください。

『ふしぎ』　　A. Sugimoto 作曲

Example　Lesson 1-❷ を完成させた例です。

『ゆりかご』　　A. Sugimoto 作曲

Scene 7 いろいろな旋法と音階

STEP 4 五音音階Ⅰ

５つの音からなる五音音階（ペンタトニック·スケール）は、各国の民謡などに多く使われています。音の配列は、低い音から高い音へ順番に並んでいるわけではなく、スコットランドや中国などの民族音楽にみられる五度圏の最初の５音を並べたもの（C、G、D、A、E）や、オクターブを５つに等分にしたもの（ジャワのスレンドロ）など、国によってさまざまな音階が存在します。日本の伝統音楽に用いられる音階も五音音階に属しているものが多くあります。STEP４、５では代表的な五音音階を学んでいきます。

Lesson 1

1 ①の黒鍵だけの五音音階を使って、中国風なメロディーを即興演奏してみましょう。

2 ②の五音音階と右の伴奏型をいろいろ使って、『チベットのヤギ』というテーマでメロディーを即興演奏してみましょう。

①

②
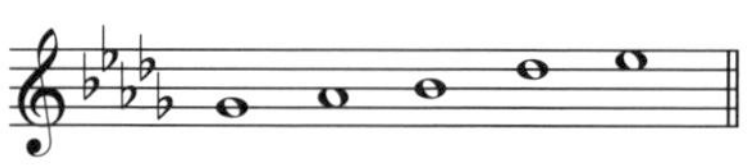

伴奏型

Lesson 2

1 『黒人霊歌』を右のオスティナート伴奏を用いて弾いてみましょう。

2 下の白鍵だけの五音音階を使って、ゆったりとしたメロディーを即興演奏してみましょう。なんとなくアメリカの荒野の情景が思い浮かびませんか。

伴奏型

『黒人霊歌』

アメリカ民謡

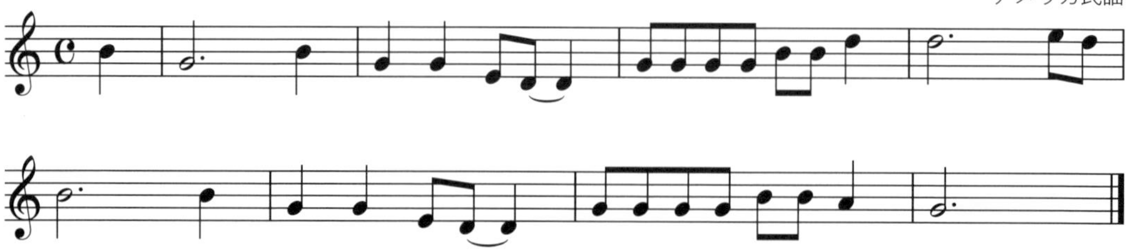

Example Lesson 1-❷ を完成させた例です。

『チベットのヤギ』

A. Sugimoto 作曲

Lesson 2-❷ を完成させた例です。

A. Sugimoto 作曲

STEP 5 五音音階Ⅱ

Lesson 1

1『Tom Dooley』を弾いてみましょう。この曲は下の五音音階からできています。いろいろなオスティナート伴奏を用いて伴奏してみましょう。

2『Tom Dooley』を三部形式の A とし、B の部分を即興演奏して曲を完成させましょう。

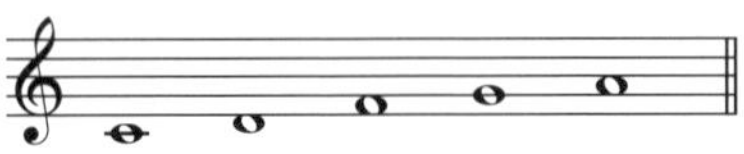

※ この5音によるペンタトニックは多くの国々に存在しており、日本においては雅楽の音階の1つ、律旋法（律音階）と呼ばれています。

『Tom Dooley』

アメリカ民謡

Lesson 2

1 日本古謡『さくら さくら』は下の五音音階でつくられています。メロディーを弾いてみましょう。

2 右の伴奏型をいろいろ使って、『さくら さくら』の伴奏をしてみましょう。

※ 日本の伝統音階の1つ、都節音階

伴奏型

Example Lesson 1-❷を完成させた例です。

『Tom Dooley』

アメリカ民謡
A. Sugimoto 編曲

Lesson 2-❷を完成させた例です。

『さくら さくら』

日本古謡

Scene 7 いろいろな旋法と音階

STEP 6 全音音階 I

全音音階とは、半音階の音を１つおきにとって、６つの全音にした音階のことです。基本的には右に示した２種類しかなく、すべての音が主音になり得る性格を持っています。作曲家のグリンカ、リスト、ドビュッシーが作品の中で多く用いています。STEP６、７では、全音音階のもつ曲の雰囲気を学びます。

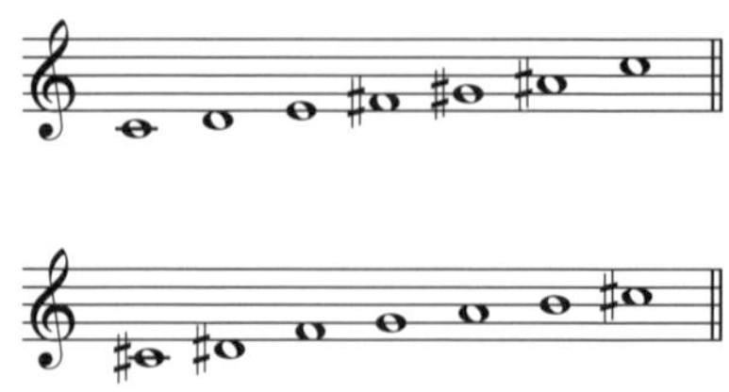

Lesson 1

全音音階を学ぶにあたり導入として、印象派の音楽を感じ取るためにドビュッシー作曲『La fille aux cheveux de lin（亜麻色の髪のおとめ）』（「前奏曲第１集」より）の最初の部分を弾いてみましょう。

『La fille aux cheveux de lin（亜麻色の髪のおとめ）』（「前奏曲第１集」より）

C.A. ドビュッシー作曲

※ 楽譜中の ▢ は半音が表れていることを示します。

Lesson 2 メロディーも伴奏型も下の音階を使って、『海の中』というタイトルで即興演奏してみましょう。ポイントは、右手も左手も半音関係をつくらないことです。

Example Lesson 2を完成させた例です。

『海の中』　　A. Sugimoto 作曲

STEP 7 全音音階Ⅱ

Lesson 1

ドビュッシー作曲『Voiles（帆）』（「前奏曲第１集」より）の最初の部分を弾いてみましょう。
原曲は４分の２拍子で、リズムも半分の長さですが、演奏しやすいように４分の４拍子で表記してあります。また、音の高さなども編曲しています。P.160の作品と弾きくらべてみましょう。こちらの曲はすべてが全音音階で作曲されています。曖昧で浮遊した感じを味わってみましょう。

『Voiles（帆）』（「前奏曲第１集」より）

C.A. ドビュッシー作曲
A. Sugimoto 編曲

Lesson 2

Lesson 1の作品のモチーフと使用されている音(構成音)を用いて、『波と風』というテーマで即興演奏をしましょう。

Example

Lesson 2を完成させた例です。

『波と風』

A. Sugimoto 作曲

STEP 8 五音音階・全音音階〈総合編〉

Lesson 1

1 下の音階①の５つの音で、かもめのお母さんが子守歌を歌っているイメージでメロディーを即興演奏してみましょう。

2 下の音階②の全音音階を使って、かもめの赤ちゃんが夢を見ているイメージでメロディーを即興演奏してみましょう。

①
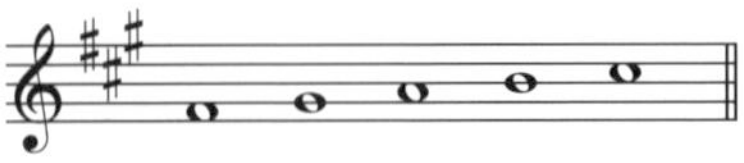

②
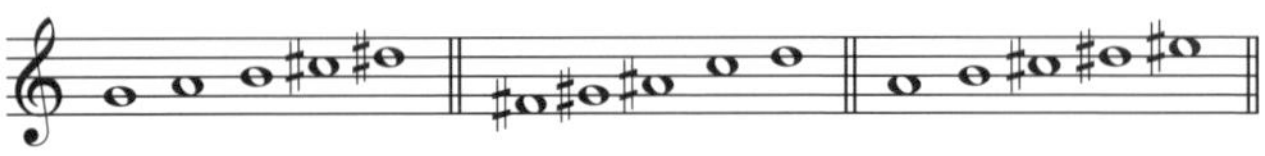

Lesson 2

Example を参考に、『かもめの子守歌』というテーマで、A の部分は「かもめのお母さんが子守歌を歌っている様子」を、B の部分は「かもめの赤ちゃんが夢を見ている様子」をイメージして伴奏をつけ、自由に即興演奏してみましょう。

Example　Lesson 2を完成させた例です。

『かもめの子守歌』

A. Sugimoto 作曲

STEP 9 イメージⅡ

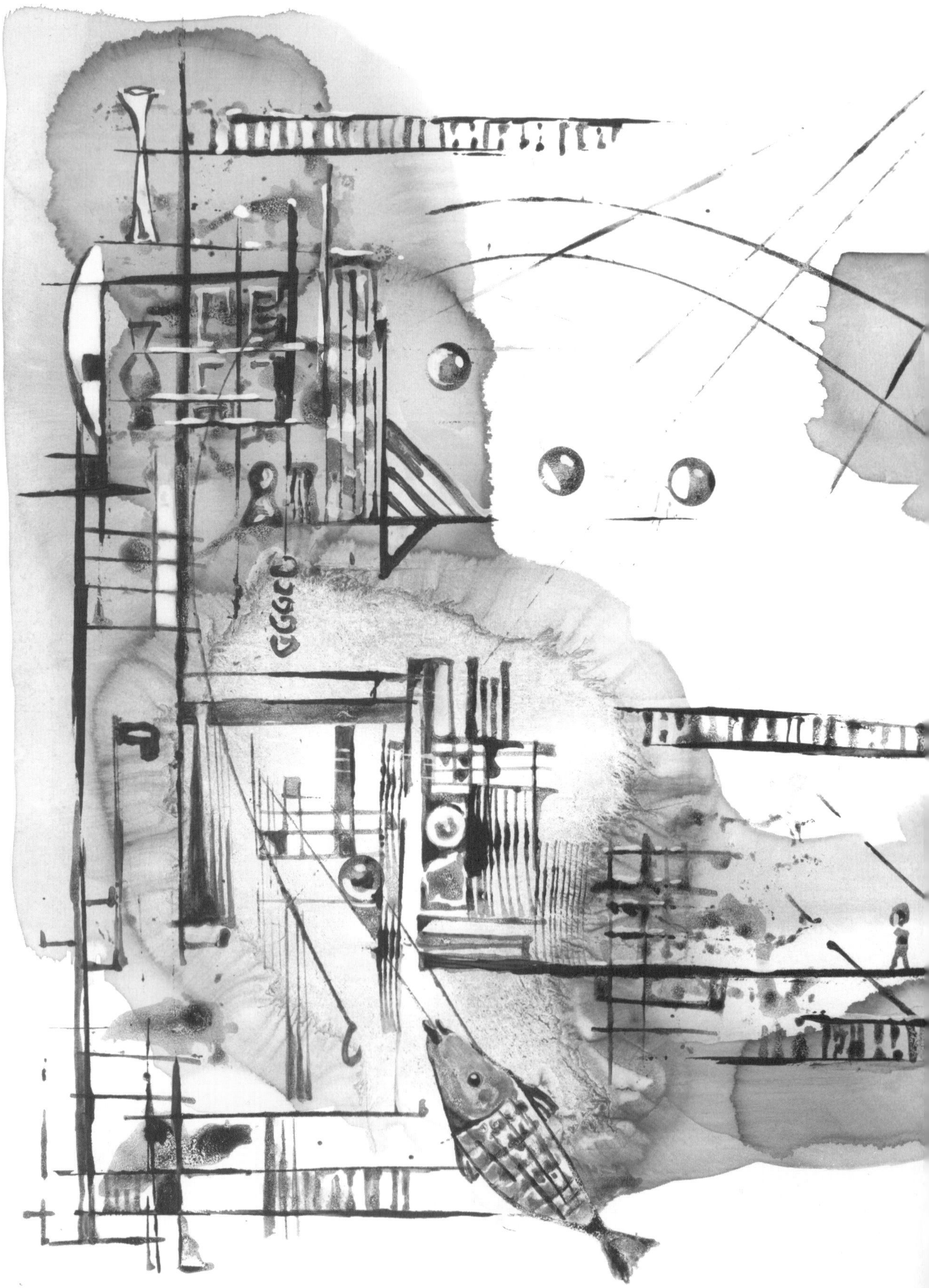

Lesson 下の絵を見て、さまざまなことをイメージしましょう。イメージが固まったら、今まで学習してきたいろいろな即興演奏の方法を使って、そのイメージを表現してみましょう。

7 いろいろな旋法と音階

Reference

巻末資料①

音楽用語・記号

音楽用語は数限りなく存在しますが、ここでは強弱、速度、奏法に関する用語・記号と、曲の雰囲気を言葉で表した発想標語をまとめました。

●強弱に関するもの

用語・記号	（読み方）	意味
pp	（ピアニッシモ）	きわめて弱く
p	（ピアノ）	弱く
mp	（メッゾ・ピアノ）	やや弱く
mf	（メッゾ・フォルテ）	やや強く
f	（フォルテ）	強く
ff	（フォルティッシモ）	きわめて強く
cresc. ＜	（クレッシェンド）	だんだん強く
dim. ＞	（ディミヌエンド）	だんだん弱く
decresc. ＞	（デクレッシェンド）	
fz	（フォルツァンド）	一部分（一音）だけ強く
sf　*sfz*	（スフォルツァンド）	
fp	（フォルテ・ピアノ）	強くそしてすぐ弱く
pf	（ピアノ・フォルテ）	弱くそしてすぐ強く

●速度に関するもの

用語・記号	（読み方）	意味
rit.	（リタルダンド）	だんだん遅く
rall.	（ラレンタンド）	
accel.	（アッチェレランド）	だんだん速く
string.	（ストリンジェンド）	だんだんせきこんで
smorzando	（ズモルツァンド）	だんだん遅く消えるように
più mosso	（ピウ・モッソ）	今までより速く
meno mosso	（メーノ・モッソ）	今までより遅く
ritenuto	（リテヌート）	すぐに遅く
a tempo	（ア・テンポ）	もとの速さで

●奏法に関するもの

用語・記号	（読み方）	意味
tenuto	（テヌート）	音の長さを十分に保って
𝄐	（フェルマータ）	その音符、休符の拍子の運動をなくす
gliss.	（グリッサンド）	鍵盤上を急速にすべらせる
tremolo	（トレモロ）	１つまたは２つの音を急速に反復させる
tempo rubato	（テンポ・ルバート）	テンポを自由に加減して奏する
m. d.	（マーノ・デストラ）	右手で奏する
m. s.	（マーノ・シニストラ）	左手で奏する
		拍手など打撃音を表す
ped. 𝆮	（ペダル）	ペダルを使って　※ ✻ でペダルを離す。
una corda	（ウナ・コルダ）	ソフトペダル（左ペダル）を踏んで
tre corde	（トレ・コルデ）	ソフトペダル（左ペダル）を離して

●**発想標語に関するもの**　※ con は「～をもって、～で」の意味。

	用語	（読み方）	意味
A	*affetuoso*	（アフェットゥオーソ）	愛情をもって、優しく
	con affetto	（コン・アフェット）	
	agitato	（アジタート）	せきこんで、激しく
	alla marcia	（アッラ・マルチャ）	行進曲風に
	amabile	（アマービレ）	愛らしく
	animato	（アニマート）	生き生きと
	con anima	（コン・アニマ）	
	appassionato	（アパッショナート）	熱情的に
	arioso	（アリオーソ）	歌うように
B	*brillante*	（ブリッランテ）	華やかに、輝かしく
	con brio	（コン・ブリオ）	生気にみちて、元気に
	cantabile	（カンタービレ）	歌うように
	capriccioso	（カプリッチオーソ）	気まぐれに、気ままに
	comodo　(commodo)	（コモド）	気楽に
D	*dolce*	（ドルチェ）	甘く、やわらかく
	dolente	（ドレンテ）	悲しげに
E	*elegante*	（エレガンテ）	優雅に
	elegiaco	（エレジアーコ）	悲歌ふうに
	energico	（エネルジーコ）	精力的に
	con energia	（コン・エネルジア）	
	espressivo	（エスプレッシーヴォ）	表情豊かに
	con espressione	（コン・エスプレッシオーネ）	
F	*feroce*	（フェローチェ）	野性的に激しく
	con fuoco	（コン・フオーコ）	情熱をもって、火のように
G	*giocoso*	（ジョコーソ）	愉快に
	grandioso	（グランディオーソ）	壮大に、堂々と
	grave	（グラーヴェ）	重々しく、荘重に遅く
	grazioso	（グラツィオーソ）	優美に、優雅に
	con grazia	（コン・グラーツィア）	
L	*lamentoso*	（ラメントーソ）	哀れに、悲しげに
	leggiero	（レッジェーロ）	軽く
M	*maestoso*	（マエストーソ）	荘厳に、堂々と
	marciale	（マルツィアーレ）	行進曲風に
	misterioso	（ミステリオーソ）	神秘的に
P	*passionato*	（パッシオナート）	情熱的に
	pastorale	（パストラーレ）	牧歌風に、のどかに
	pesante	（ペサンテ）	重々しく、重厚に
R	*risoluto*	（リソルート）	断固として、決然と
	rusticana	（ルスティカーナ）	牧歌風に、素朴に
S	*scherzando*	（スケルツァンド）	戯れるように、陽気に
	semplice	（センプリチェ）	単純に、素朴に
	serioso	（セリオーソ）	真面目に、厳粛に
	sostenuto	（ソステヌート）	音を十分に保持して
	spiritoso	（スピリトーソ）	生き生きと、元気に
	con spirito	（コン・スピリト）	
T	*tranquillo*	（トランクイッロ）	静かに、落ちついて

Reference

巻末資料②

いろいろな伴奏例

即興演奏のための伴奏型の例を拍子別に示しました。調やリズムを考えて自分でいろいろ工夫して練習しましょう。簡易伴奏の場合は、始めから終わりまで同じものを繰り返し弾きながらメロディーをつくります。和音伴奏、アルベルティ・バスは、Ｉの和音の例を示しました。メロディーから考えられる和音をなるべく同じリズムや形で弾きます。

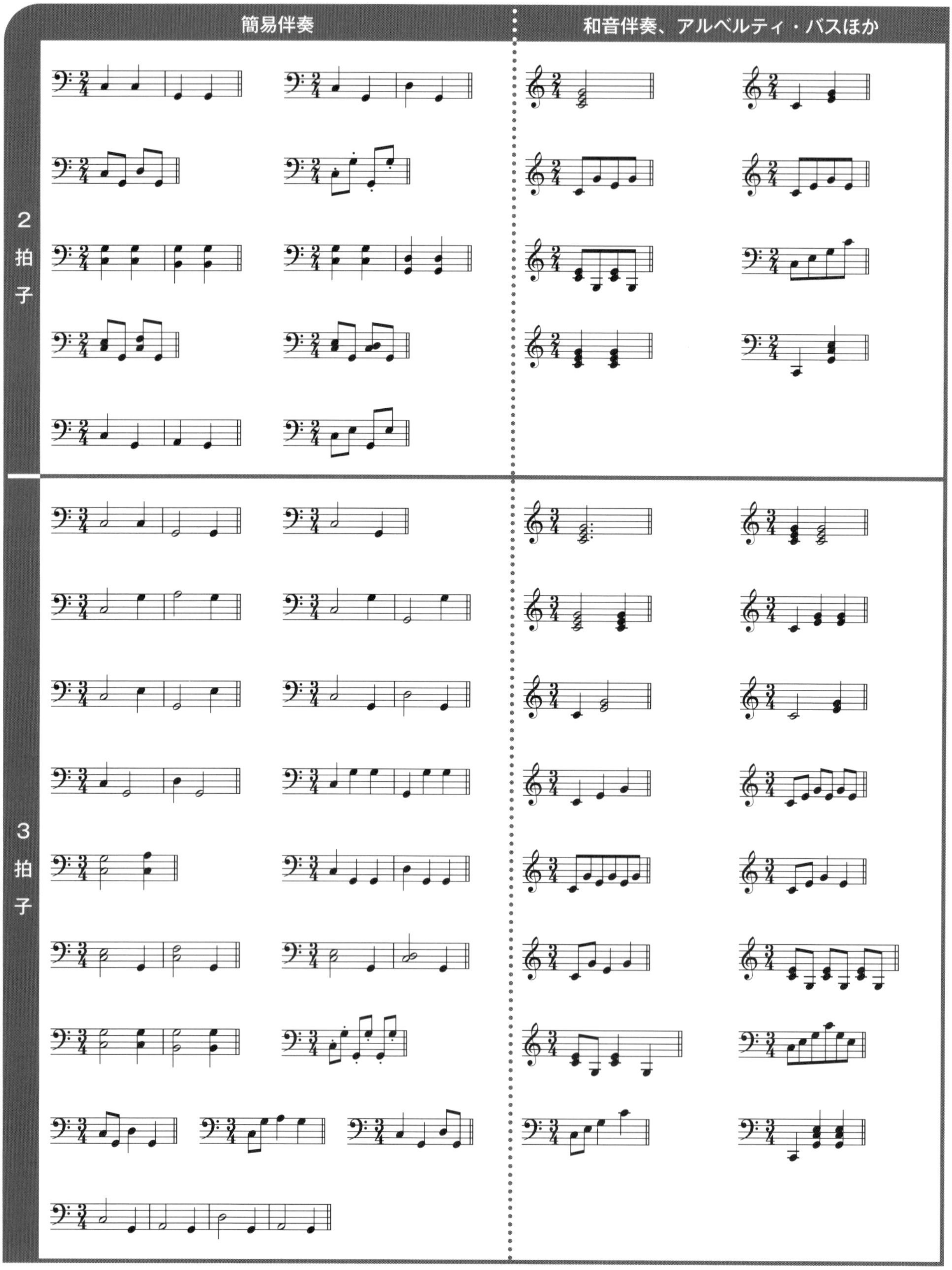

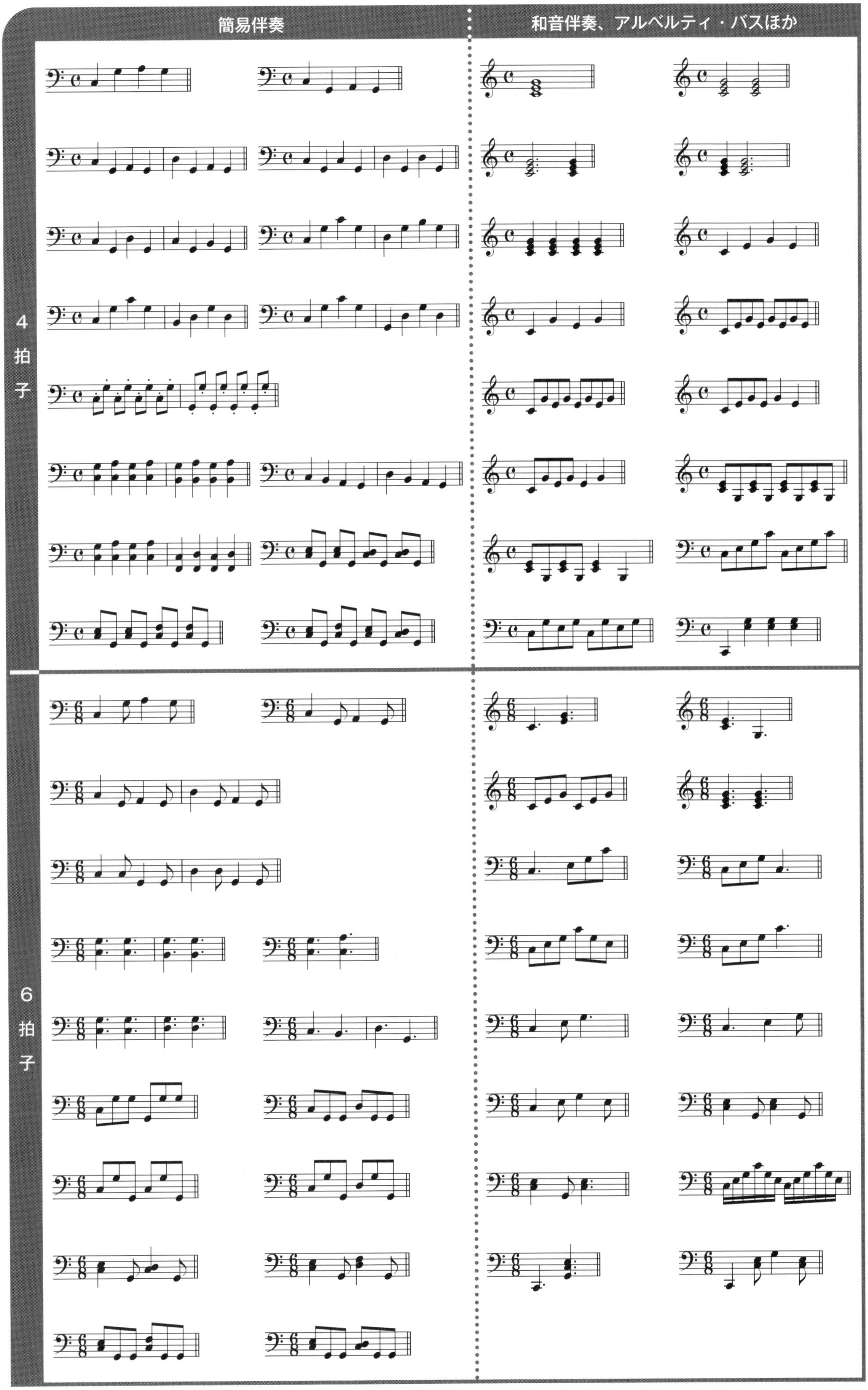
簡易伴奏
和音伴奏、アルベルティ・バスほか
4拍子
6拍子

Reference

巻末資料③

コード・ネーム

コード・ネームは、英語音名に由来したアルファベットや数字を使って、和音の構成音や種類を示したものです。英語音名で和音の根音を表し、その隣に和音の種類を小文字で略して書きます。そのため、ローマ数字で和音を表したときのように、調の違いによって呼び方を変える必要がなく便利です。次にCコードを例に、よく使われるコード・ネームを挙げました。即興演奏の一助としてください。

〈Cコード〉

C* シー・メジャー

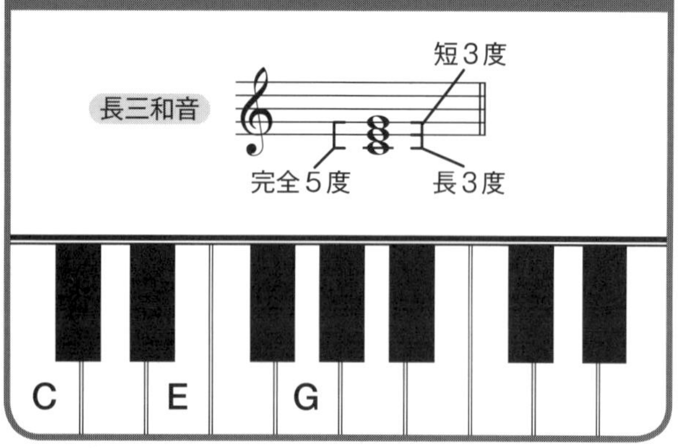

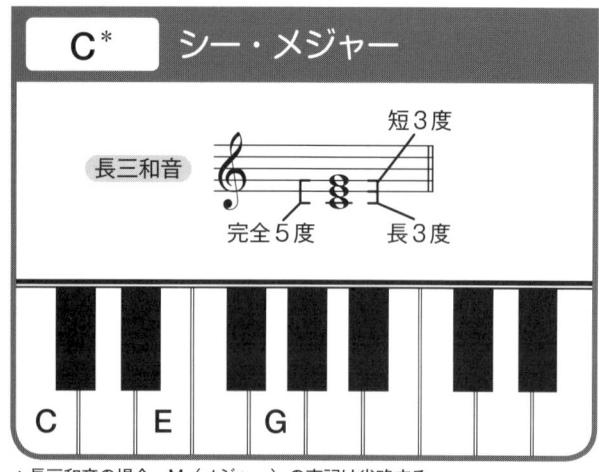

＊長三和音の場合、M（メジャー）の表記は省略する。

Cm シー・マイナー

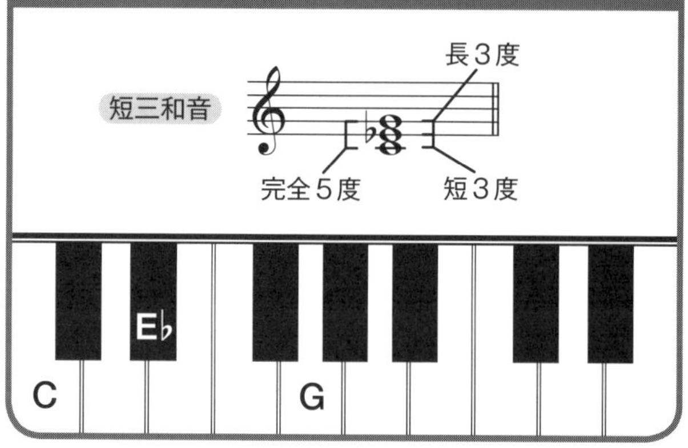

Caug* シー・オーグュメント

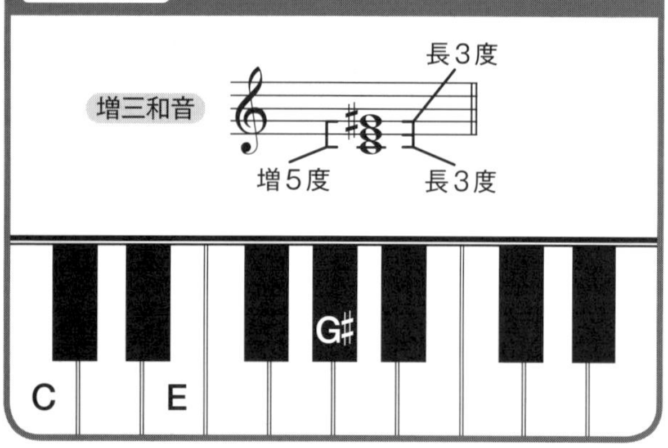

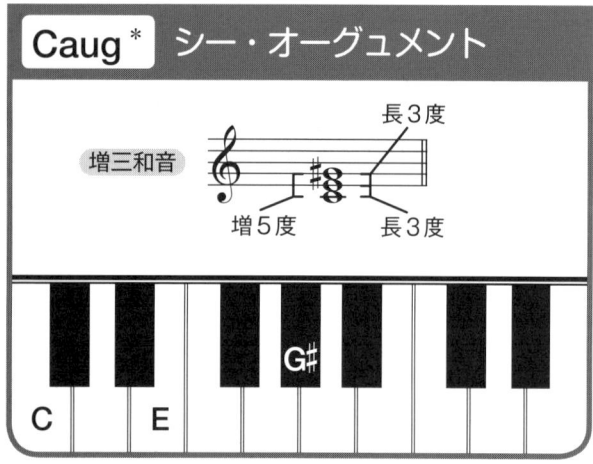

＊ aug を+5（プラス・フィフス）、♯5（シャープ・フィフス）と表すこともできる。

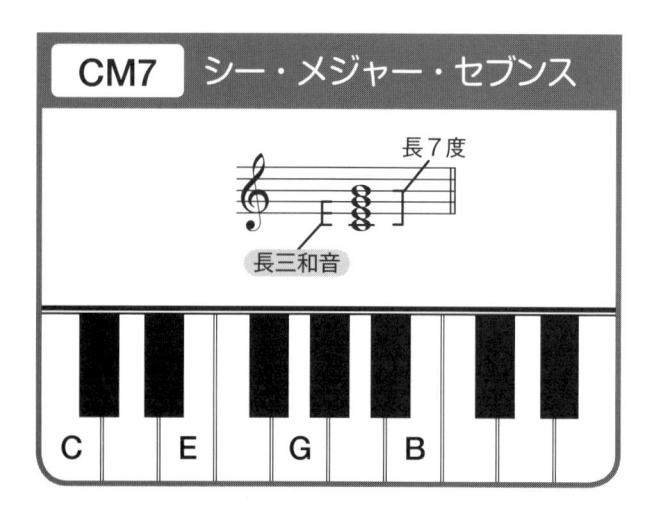

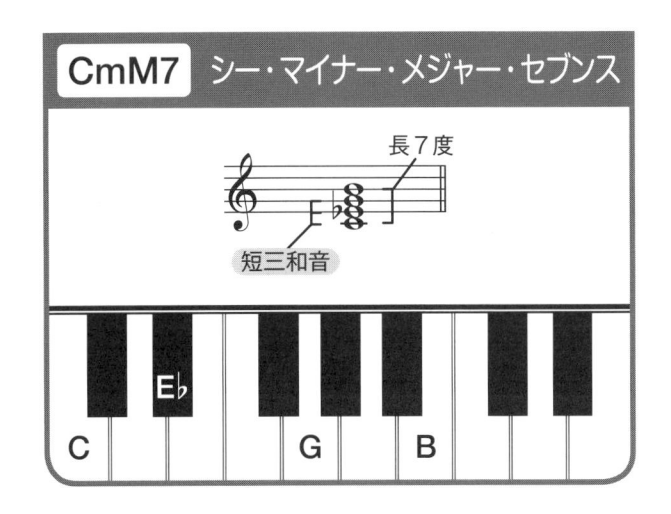

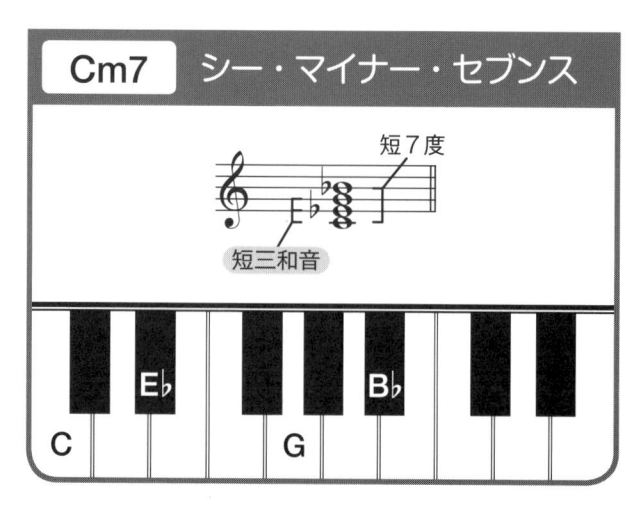

Cdim7*1 シー・ディミニッシュ・セブンス（シー・ディミニッシュ）

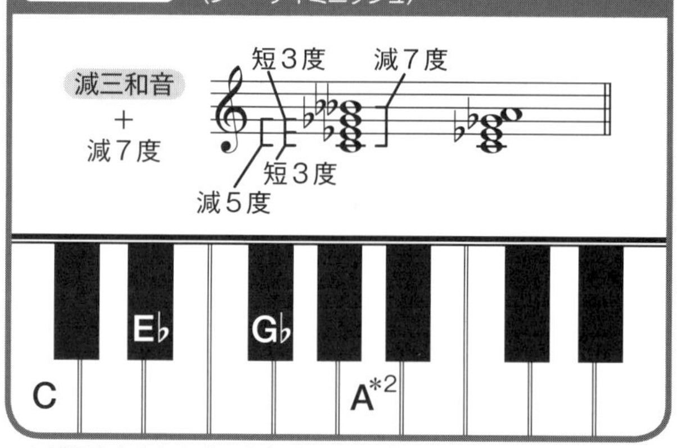

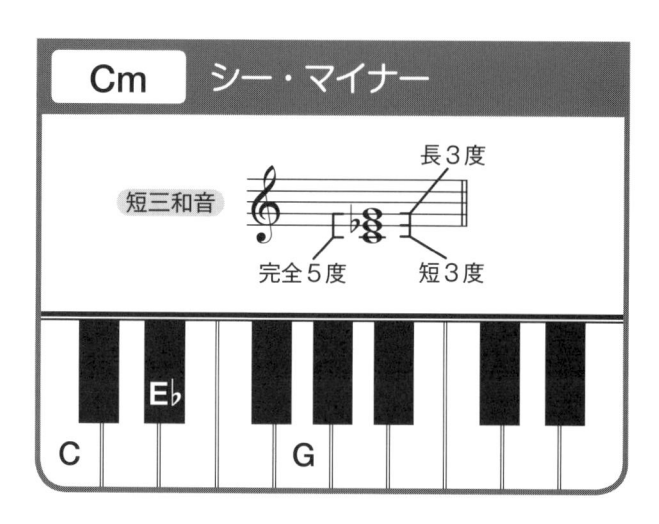

＊1 減三和音を表す dim（ディミニッシュ）の表記だけで dim7 の和音を示すことが多い。
＊2 B𝄫 を A と表記することが多い。

CM7 シー・メジャー・セブンス

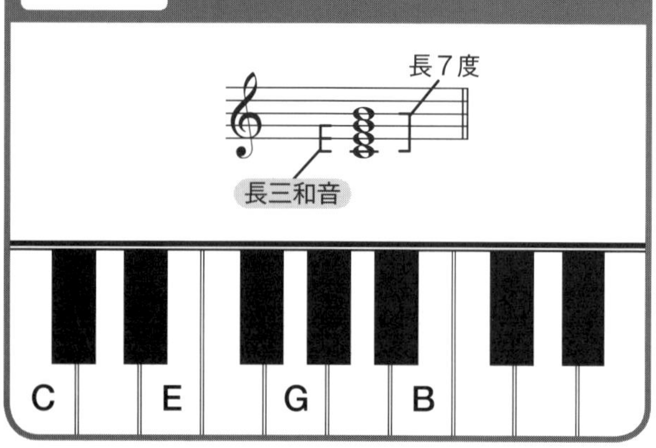

Cm7 シー・マイナー・セブンス

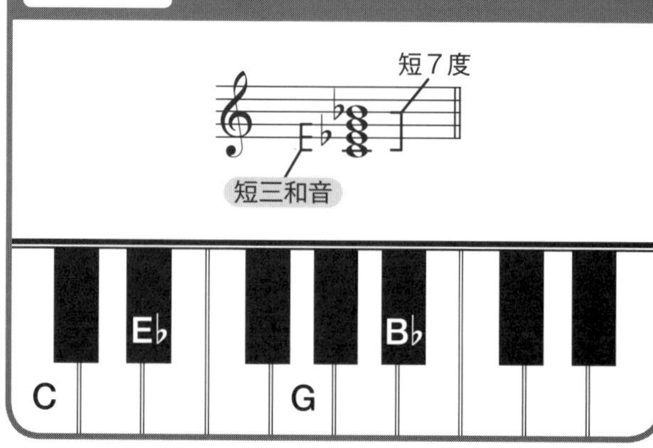

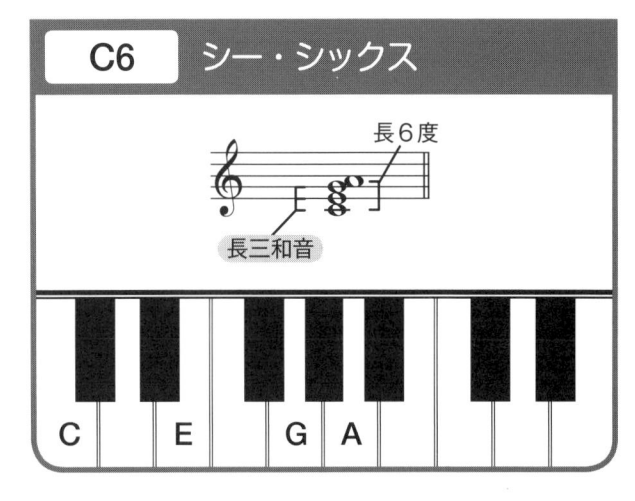

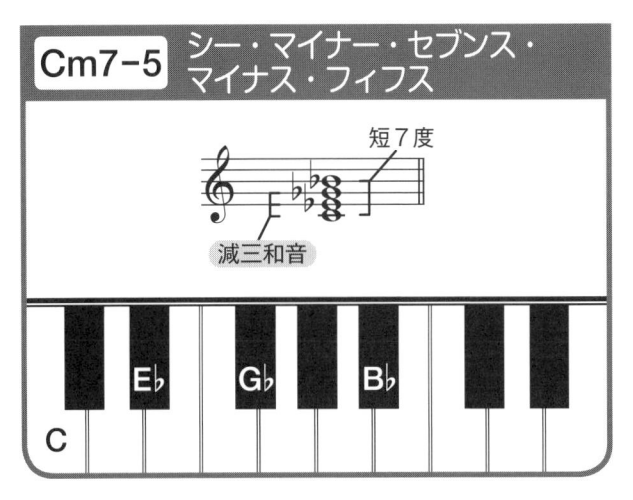

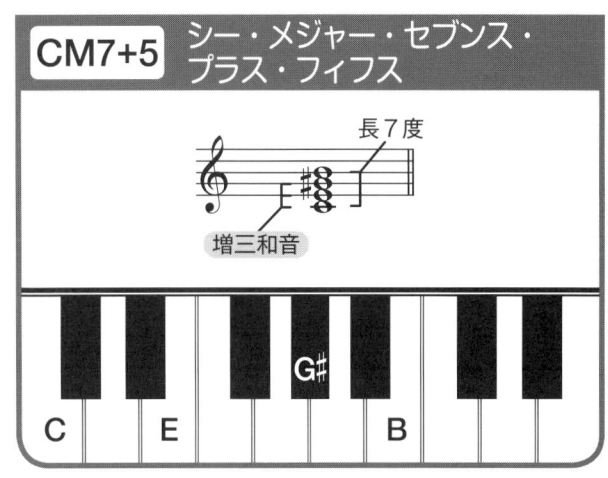

CmM7　シー・マイナー・メジャー・セブンス

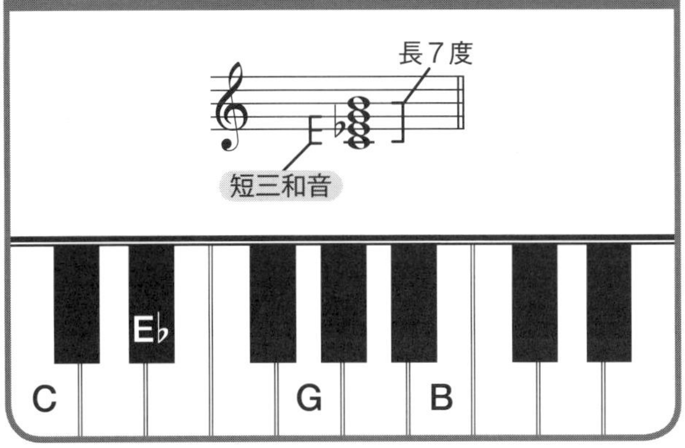

CM7+5　シー・メジャー・セブンス・プラス・フィフス

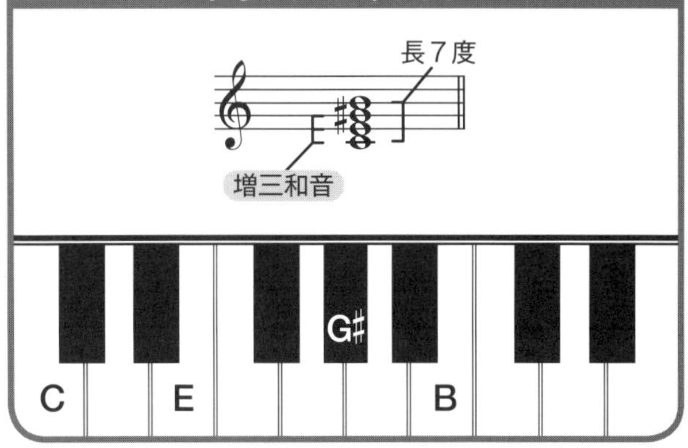

Cm7−5　シー・マイナー・セブンス・マイナス・フィフス

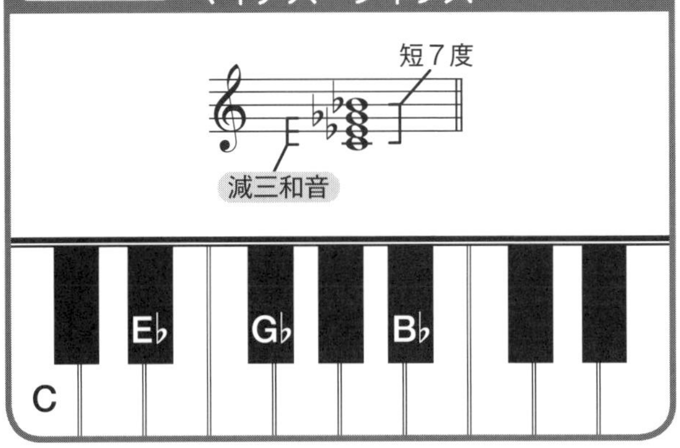

C6　シー・シックス

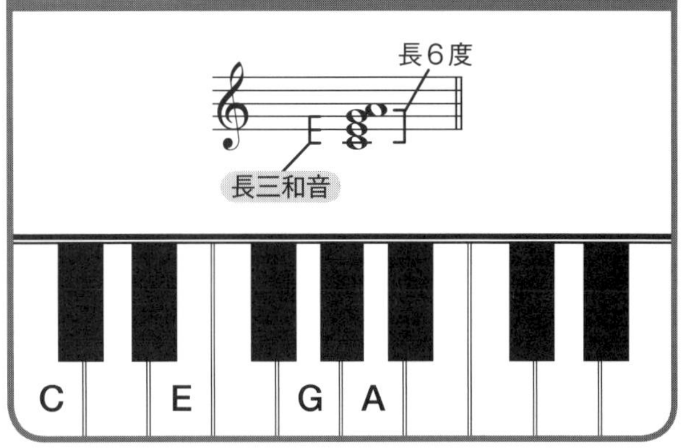

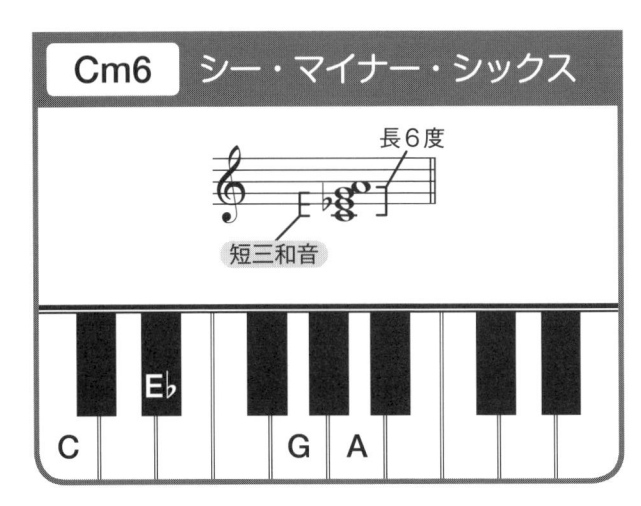

Cm6　シー・マイナー・シックス

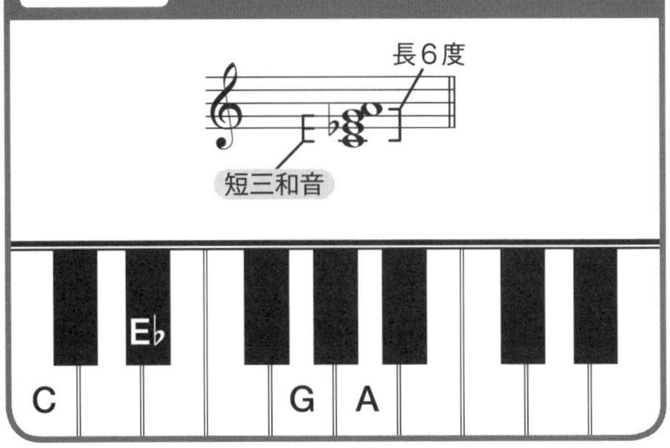

C9　シー・ナインス

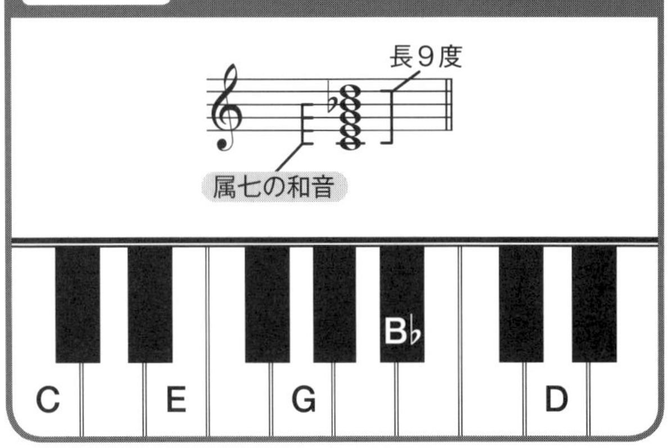

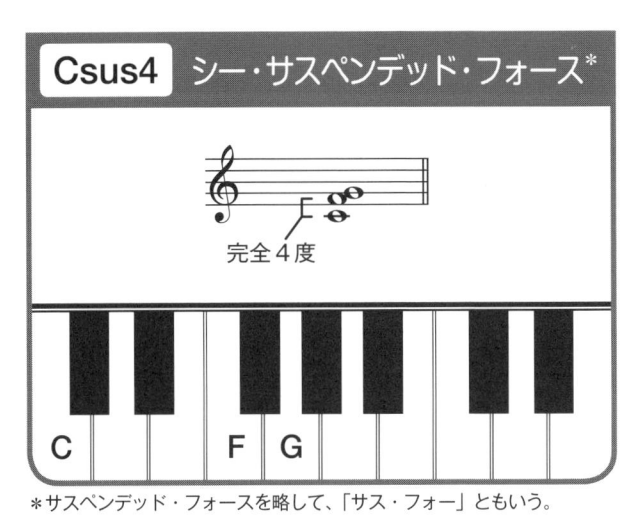

Csus4　シー・サスペンデッド・フォース*

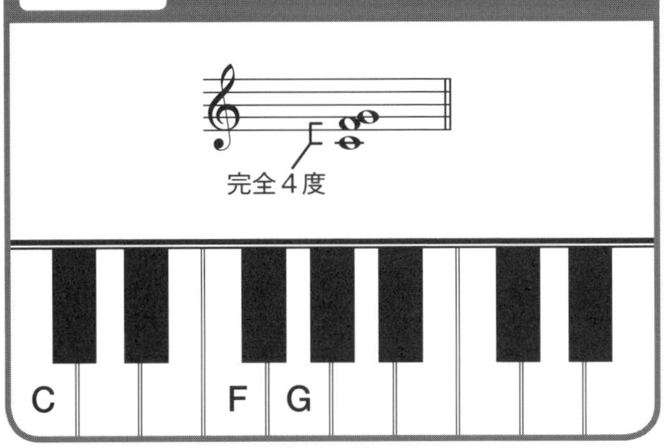

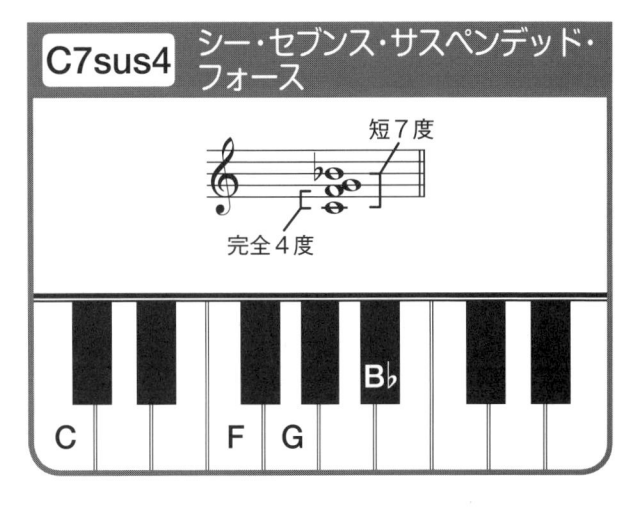

C7sus4　シー・セブンス・サスペンデッド・フォース

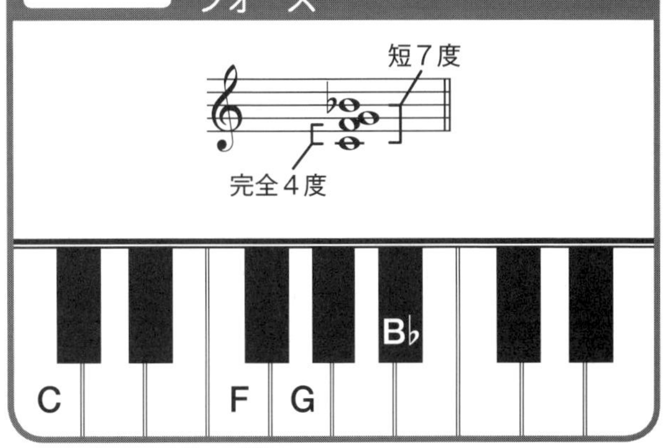

＊サスペンデッド・フォースを略して、「サス・フォー」ともいう。

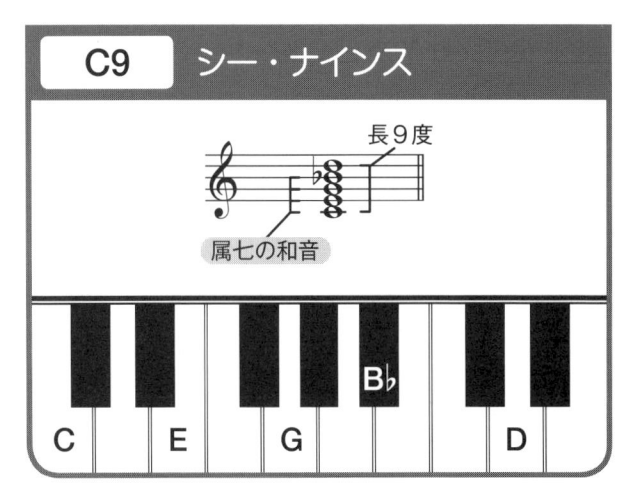

巻末資料

著者プロフィール

馬淵明彦（まぶち　あきひこ）

石川県生まれ。国立音楽大学教育音楽学科（リトミック）卒業。1978年ジュネーヴ・ジャック＝ダルクローズ音楽院留学。1980年リトミック教育指導者資格『license』、翌年同『Diplome』を授与されて卒業。帰国後30年間、国立音楽大学にて後進の育成にあたり、2012年定年退職。1992年よりジュネーヴにおけるリトミック国際大会講師を務める。1999年～2002年日本ジャック＝ダルクローズ協会会長、現在、全日本リトミック音楽教育研究会理事および本部指導講師、リトミック指導者研究会「アトリエ・ドゥ・ジャック」主宰。「Studio Jaques」代表。「ジャック＝ダルクローズ作品研究会」代表。NHKラジオ高校講座・音楽Ⅰ「楽しくうたおう」担当・出演。日本ジャック＝ダルクローズ協会会員、ほか。
近著に『ダルクローズ ピアノ連弾曲集』共著がある。

杉本　明（すぎもと　あきら）

東京都生まれ。国立音楽大学教育音楽学科第Ⅱ類（リトミック）卒業。1985年第28回リトミック国際大会に参加。各ワークショップの発表において二台ピアノの即興演奏部門で選抜され演奏。1979～1992年国立音楽大学附属小学校教諭。2000年3月および2001年10月には二台ピアノによる即興演奏リサイタルに出演。1994年～2012年リトミック研究センター東京第一支局支局長・チーフ指導者。現在、特定非営利活動法人リトミック研究センター理事、同研究室室長。白百合女子大学人間総合学部初等教育学科非常勤講師。ほか、全国各地でリトミックおよび即興演奏のレクチャーを数多く行っている。

新装版　これからはじめる即興演奏
——豊かな音楽表現のために

発行日　2018年3月16日　第1刷発行

著　者　馬淵明彦・杉本 明
発行人　池田茂樹
発行所　株式会社スタイルノート
〒185-0021
東京都国分寺市南町2-17-9 ARTビル5F
電話 042-329-9288
E-Mail books@stylenote.co.jp
URL https://www.stylenote.co.jp/

装画・挿画　為壮 顕
装　幀　Malpu Design（陳湘婷）
印　刷　シナノ印刷株式会社
製　本　シナノ印刷株式会社

ISBN978-4-7998-0166-6　C1073